讓媽媽傳達真心的25個對話練習

從接納自己開始，
用溫和真誠的溝通重建親子連結！

朴宰蓮——著　陳靜宜——譯

엄마의 말하기 연습

目錄

Part 2

理解與同理我們的孩子　137

中文版新序

臺灣的讀者好！我是作者朴宰蓮。

還記得，幾年前我去臺灣旅行時，泡了溫泉、吃過好吃的燒賣呢！在臺灣遇見的人都很熱情親切，對我來說，臺灣真是個美好的地方。

首先，對於這部舊作能在臺灣出版，我既喜悅又感謝。執筆時我提到一些和自己孩子的相處，在歲月的流轉中，我家孩子已經不知不覺長大成23歲的青年，正穿著軍服服兵役。閱讀這本書的讀者們，想必還在為如何與年幼可愛的孩子溝通而苦惱吧？但我想告訴大家，這段珍貴的親子時光會比我們想像得更快飛逝。

讓我們來思考看看，在韓國和臺灣，養育孩子的過程有何不同呢？雖然父母在孩子成長到出社會之前所提供的教養原則和方式至關重要，但因為臺灣和韓國的文化條件不同，雙方會受到不同的社會文化、制度體系的影響，因此我認為兩地在養育子女的觀點上，仍會有一些差異。

即使如此，我相信深愛孩子、希望把孩子養得幸福，應該是全世界所有父母的心情吧！這本來自韓國的育兒書之所以在亞洲國家出版，也來到臺灣，原因不外乎就是這一點吧！

那麼，以愛來養育寶貝的孩子，哪些事情是最重要的呢？我認為第一點是了解社會關係，尤其需要教導孩子遵守當地文化體系、條件的規則與規範，第二點是要尊重孩子。前者因各個社會的文化條件會有些許差異，但我認為尊重孩子這一點，是所有父母都必須具備的心態。

韓國正面臨嚴重的低生育率問題，各個家庭即使跨越世代，也很難看得到新生兒，也有時大人出於保護孩子的心理，做出較為激進的舉動。與此同時，孩子也背負著沉重的家庭期待長大。韓國的孩子承受眾多期待，那些該自由玩耍的時間，都被各種競爭和讀書佔據。大多數的韓國父母雖然感到痛心，卻因現實而被迫努力適應，既期待孩子過得幸福，又期待孩子比別人更優秀，這兩種願望就像是艱辛的內心拔河。臺灣的父母又是如何思考的呢？

如果處在像韓國這樣的體系之下，孩子有固定的學習科目，必須在競爭之中脫穎而出，自小就得背負沉重負擔，家庭環境給予的自由和自律性就更為重要——因為對孩子而言，家就是休息和喘氣的空間。

回歸正題，我認為不論是哪個國家，父母能給予孩子最美好的態度就是尊重；而父母對孩子的尊重，對於身心疲憊的孩子而言，是最好的避風港。我希望臺灣讀者也能提供心愛的孩子，那份整個社會無法給予的溫暖，也希望這本書能多少幫助各位成為這樣的父母。我以愛著全天下所有孩子的心情，來為這篇序作結。臺灣的父母們，加油！

二〇二五年五月三十一日

朴宰蓮

前言

不求完美，而是在愛裡練習成為媽媽

我們在生活中扮演著許多不同的角色，但「母親」這個角色，卻是直到生命盡頭都無法卸下的。無論是婚後有計畫地懷孕，還是順其自然地迎來新生命，我們都懷抱著喜悅又忐忑的心情，展開身為人母的角色，並為孩子的成長奉獻一生。

我還記得，第一次將小小的嬰兒抱在懷裡時，那種難以言喻的感動。沒有人強迫我，但我在心中下定決心：我要成為一個好媽媽，讓孩子健康快樂地長大。這樣的念頭，即使是在剛經歷生產、身體尚未完全恢復的狀態下也自然地浮現。

然而，世上沒有任何事情是簡單的。養育孩子的過程中，充滿了慌張、害怕與不安。有時，看著自己對待孩子的方式，會懷疑自己是否夠格擔任一位母親，甚至對自己感到失望。

這種感受，在我與孩子旅居海外、努力適應新環境的日子裡，尤其強烈。孩子第一次上學時，我提議陪他一起去新學校，但他堅持要自己去。過了幾週，某天中午，這個原本活潑開朗的孩子卻打電話給我，哭著說：「媽媽，妳可以帶幾本韓文書來嗎？沒有人願意跟我玩……」

那一刻，我才驚覺，這幾週以來兒子在學校受到了排擠。我難受不已，自己身為母親卻這麼遲鈍，連孩子的痛苦都沒有察覺。我匆匆帶著書趕往學校，遠遠地就看見他孤零零地站在操場上，那畫面讓我失去理智。我情緒激動地向老師質問：「為什麼讓我的孩子獨自待在教室外？」老師解釋，孩子與同學之間存在文化差異，需要時間適應與磨合。但看著兒子瑟縮的肩膀和悲傷的眼神，我完全聽不進這番話。不過，我當下也無計可施。回去找兒子前，我先躲進洗手間擦乾眼淚，靜下心來思考：「現在，孩子最需要的是什麼？」然後，我慢慢走向兒子，把手上緊握的書交給他，便轉身離開了。

那天下午，孩子回家後，抱著我哭泣，說他好想回韓國。從那天起，他每天只要一回家就會讀書——那些他原本毫無興趣的韓文書，成了他排遣孤獨的安慰。我則陪著他聊天，討論與朋友相處的困難與解方。三個多月後，他慢慢交到了朋友，能夠開心地在操場上玩耍了。

回顧這一段與孩子相處的時光，我發現，自己時常被情緒左右，失去理性。有時，孩子只是說出「不要」，我的口氣就變得愈來愈激動。許多夜晚，我望著熟睡中的孩子，內心充滿懊悔，難以入眠。

我遇過許多母親也有和我相同的經歷。有位全職媽媽坦言，她常因為把孩子當作情緒發洩的對象而內疚不已；有位職業婦女則感嘆，平日雖然好好陪伴孩子的時間不多，但下班後的疲憊，讓她忍不住對孩子發脾氣。等到夜深孩子入睡後，看著孩子的臉龐，自己就會有滿滿的歉意而哭著入眠。

現在，希望妳暫時放下這種罪惡感吧！正是身為母親，我們才有機會體驗這些重要的時刻，也才得以學習付出的喜悅與愛的奉獻。我們是透過孩子的笑容感受到幸福，甚至在他們痛苦時，比自己受傷還要難過。我們或許會因為某些不理智的行為而後悔，但我們真心希望孩子能幸福，因為我們是母親。

世上並沒有什麼所謂「好媽媽」的標準。只要妳能好好傾聽孩子的煩惱，不介意在孩子面前流淚，並說出自己的傷痛，妳就已經是最棒的母親。

過去兩年間，我在Mom's Radio頻道[1]與聽眾交流、提供安慰，也希望幫助媽媽更有智慧地與孩子展開對話。這些故事案例或許無法涵蓋每個人的經歷，但希望透過本書，幫助大家和孩子停駐在同一個時空，找到自己的方式，對他們說：「我愛你。」

此刻，我們都是無可取代的媽媽。

二〇一八年二月

在陽光灑落的孩子房間

朴宰蓮

1 譯注：韓國的 YouTube 頻道，專門提供媽媽育兒知識。
https://www.youtube.com/@momsradio

Part 1 媽媽的自我覺察

01 現在的妳，生活裡充滿愛嗎？

守護身為母親愛的力量

身為媽媽，經常想的是：「要怎麼才能更愛孩子呢？」「該如何向孩子表達我的愛呢？」

我在工作坊與媽媽們交流、進行對話課程的過程中，時常聽到這樣的心聲：「我想成為一個好媽媽，但我總是控制不了情緒。」「我不擅長與人對話，一旦開始說話，就不知道該說什麼。」

儘管她們深愛孩子，卻無法真實地表達內心。我向這些煩惱的媽媽提出了一個請求：

「請閉上眼睛，回想一下，妳是否曾經有過幫助他人，卻不求回報的經驗？」

有位媽媽閉著眼微笑。她有兩個孩子，分別就讀小學三年級和五年級。我問她，在這個回憶的瞬間，她想到了什麼。

她說道：「我們家隔壁住著一位即將臨盆的孕婦。每次看到她，我就會想起自己曾經因為與丈夫是週末夫妻，總是獨自吃飯的日子。

有一天，在電梯裡碰見她時，我其實並不了解她的狀況，卻突然脫口而出：『如果還沒吃午餐的話，要不要一起吃呢？』

平時的我很少會邀請不太熟悉的人一起用餐，但那天說出這句話時，我一點都不覺得尷尬。明明是我主動請客，心情卻毫無負擔，因為自認幫了對方一個忙。現在回想起來，反而覺得是我自己得到了什麼，想到這裡，不禁笑了出來。」

其實，她並沒有期待任何回報，而是在單純的付出之中感受喜悅，並發現自己擁有這樣的能力。在場的其他媽媽和我都為她鼓掌，而她則害羞地微微一笑。

✦妳已經是個好媽媽了

「我是個能力不足的媽媽。」「我是個糟糕透頂的媽媽。」

當了母親之後的我們，不免會這樣對自己說，然後感到挫折。但我認為，這些話語其實蘊藏著力量。

我們總是想對孩子更好，卻又因為覺得自己做得不夠而感到沮喪。但這樣的心情，其實正蘊含著「想要給予更多愛」的渴望。換句話說，當我們覺得自己不足時，正是因為內心深處充滿了愛的願望。

事實上，我們早已付出了無數微小卻深刻的愛。當看到孩子額頭冒汗吸奶時，我們會忍著尚未痊癒的身體，起身調整姿勢，讓孩子更舒適地吃奶。當孩子跌倒哭喊時，即使手上提著大包小包，我們還是毫不猶豫地背起孩子回家。當孩子在懷裡熟睡，即使手臂早已麻木，仍然輕輕抱緊，不忍心驚擾他的安眠。半夜裡，孩子哭了，我們立刻驚醒，輕聲哄著，或是起身沖泡奶粉。當孩子身體不舒服，我們也會整夜不眠，為的只是好好照看孩子。

我們何曾想過，自己會為了滿足另一個人的需求，如此迅速地回應？在養育孩子的過程中，我們常常對自己的能耐感到驚訝。與其說這是一種責任感，這樣巨大的愛常令人感到神奇不已，原來這就是我們不知不覺流露出母愛的證明。

然而，這股力量並非突然出現。其實，我們內心早已擁有這份愛的力量。請不要忘記，**過去的日子裡，我們無怨無悔地呵護著孩子，不求任何回報，只希望他能夠平安、舒適地成長。**

✦我們從何時開始學會愛？

小時候，我在雙薪家庭中長大，媽媽身為職業婦女，總是要忙到晚上九點才回家。但一回到家，她連衣服都沒換，只是洗了手，立刻問我們：「肚子很餓吧？」然後就準備晚餐。那時候的我，每天滿心期待媽媽回家，只要聽見這句話就會很開心。直到後來我也成為了母親，某天我回家後還來不及換衣服，就開始準備飯菜，我忽然流下眼淚——小時候雖然開心媽媽回家了，卻也為她感到心疼。媽媽即使回到家也無法休息，仍然為了我們忙碌著。看著媽媽的身影，我真的很想幫助她。

這種心情，就是愛。我們的日常生活或許忙碌，許多轉瞬即逝的念頭也常被忽略，但請相信，在我們內心深處，一直蘊藏著強大的愛。從我們出生的那一刻起，經歷童年，直到現在，這份愛始終存在，並將繼續伴隨我們一生。請記住，直到闔上這本書的最後一刻，都不要忘記——我們之所以美麗，是因為內心深處那道永恆閃耀的愛。

我們究竟是從何時開始擁有這份付出愛的心意與力量呢？是從父母身上學來的嗎？還是在學校學到的嗎？從出生的那一刻起，我們的內心就已經擁有這份愛與力量嗎？

當我與許多人交流時，時常能深刻體會到，我們內心的愛與渴望付出的力量，早在學習之前便已深植其中。若這份力量能在合適的環境中成長，愛的能量便會更加強大。因此，我始終相信，這股力量是我們與生俱來的。

然而，遺憾的是，我們往往不曾意識到這股深藏於自身的愛的力量，甚至無法完全相信它的存在。

美國發展心理學家麥克・托馬塞洛（Michael Tomasello）在《我們為什麼要合作》（*Why we Cooperate*，暫譯）一書中提到，人類從幼年就展現出「天生的幫助者」特質。他的研究發現，嬰兒在十四至十八個月大時，即使還沒有受到父母的社會化教育，就已經展現出助人的行為。而且，父母的獎勵或鼓勵，並不會影響孩子是否更願意幫助或關心他人。換句話說，人類從出生起，便是無需任何回報也願意關懷與幫助他人。

當你帶孩子去遊樂場時，不妨觀察他們如何互相幫助；或是在學校裡，看看有多少孩子會主動幫助老師。想想自己身體不適的某天，孩子用小小的手輕輕摸著你的額頭，擔憂地看著你；只要看見媽媽難過，孩子便會陪在身邊安慰，甚至一起流淚。這些事情，難道不是我們小時候也曾做過的嗎？

我知道正在閱讀本書的各位，小時候也都有類似的舉動。在為許多人進行對話練習課程的經驗中，我深刻體會到人們對愛的渴望。**從出生開始，我們的內心便懷抱著愛人的情感，而這份情感自然地延伸為想要付出、分享資訊，以及幫助他人的心意。**

✦愛的力量，會延續成想付出的心

愛，總是讓人會為他人付出、並向外延伸，不僅是對摯愛的朋友與家人，甚至對陌生人也是如此。我們會讓座給行動不便的長者，並不只是因為「應該」這麼做的義務感，而是源自內心的自然反應。我們會為社會中的弱勢團體付出——在寒冬中送暖、在災難發生時捐款救助。看到新聞裡有人受苦，可能會在吃飯時不自覺地停下筷子，懷著沉重的心情為他們祈禱。

事實上，我們內心的「愛」是一種能量，而這股能量會驅動我們為他人「付出」——這是一種自然而然的行為，像骨牌效應般持續擴展。當我們的生活中懷抱著愛，會感受到真正的幸福，因此，我們也希望自己的孩子能這樣成長。但在充滿比較與競爭的社會裡，我們有時忘了去愛，忘了讓愛閃耀光芒。然而，在內心深處，我們仍希望孩子能成為一個懂得如何愛、願意付出的人。

正因如此，我們常試圖教導孩子什麼是愛，如何去付出。我自己也經常告訴孩子，要成為願意付出、懂得愛的人。而且，孩子天生就擁有這樣的能力。即便我們不特意教導，孩子就擁有幫助他人、愛人的本能，只要細心觀察，孩子的這份愛自然會展現出來。

「我朋友腳受傷時，我幫他提了三個月的書包，陪他一起上學。那段時間，我們的感情特別好，並建立深厚的友誼。」

「上大學時，我偶爾會在地鐵裡遇見一位賣口香糖的老奶奶。我會省下零用錢來買她的口香糖，因為我覺得既然都要買，不如幫助真正需要的人。但某一天開始，我再也沒見到她了，心裡既難過又擔心。」

為什麼人們會做那些沒有報酬、也不會被讚揚的事情呢？為什麼即使沒有人看見或要求，我們仍會主動伸出援手，並在付出的過程中感到快樂？**即便無法時時刻刻分享，我們仍希望在能力所及的範圍內，與他人分享自己的能力與人生經驗。當我們以這樣的方式生活，便會感受到內心的滿足與幸福。**

人類總是在生命中渴望找到「意義」。在與孩子的對話中，與其單純向孩子傳達「無條件付出」的想法，不如讓他們理解為什麼這麼做、「意義」是什麼？這樣彼此會更容易理解對方的心意。

接納自己的對話練習

給自己一小段時間，去感受內心深處的愛。無論是此刻、自己獨處時，或是某個突然想起的瞬間，不妨大聲念出以下這些話，讓自己親耳聽見：

✧ 成為母親之前，我已經值得被愛。

✧ 我無條件地愛自己。

✧ 我全然地愛著我的孩子，接納他最真實的樣子。

✧ 我用寬容的心去愛身邊的人。

✧ 從誕生的那一刻起，我的內心便擁有愛的力量。

MOTHER'S DIARY

恢復失去的愛

現在，我明白了。

即使偶爾我做的事情違背了愛的心意，
我也很清楚，這不是因為我的心裡沒有愛。
即使偶爾我的心受了傷，無法看見周圍的人，
那也不是因為我失去愛人的心。

當我牽著孩子的手走路時，
我在指尖的接觸之間感受孩子，

MOTHER'S DIARY

看著孩子的眼睛，專注聆聽他所說的一切。
即便沒有人告訴我，我也知道，
我的心，從自身的需求轉向為他人付出，
我懷抱著愛與奉獻的心。

即使我所知道的這份真理，
偶爾被我的痛苦與傷痕遮蔽，
我仍然相信，愛的力量早已深植於我的內心。
我需要做的，
不是追尋我的心所缺少的，
而是去恢復那些被遺忘的愛。
我明白，我的存在是如此美麗，我是多麼珍貴的存在。

MOTHER'S DIARY

如今，我能夠用珍惜與美好的心，
去擁抱我美麗又珍貴的孩子。

不只因為我是母親，
而是因為我是一個「人」，
是一個擁有愛的能力，也值得被愛的獨立個體，
現在，我不會忘記，我會牢牢記住。

02 與孩子溝通，是否常常覺得困難重重？

自動化思考會阻擋對話

如果想要讓孩子立刻聽話，最簡單、最有效的方式，就是讓他害怕。在我們的社會中，很多父母利用了孩子的這種恐懼，但他們就是壞父母嗎？當然不是。他們愛孩子，可是卻不自覺地用這種方式來影響孩子。

我們為何愛著孩子，卻比任何人更常傷害他們呢？不只是孩子，對待心愛的朋友、家人、同事也是如此。我們溝通時老是吵架、起衝突的原因是什麼呢？那些傷人的話就是會奇怪地在腦海裡打轉。到底為什麼會如此呢？

人們之所以會起衝突，其中的原因之一，就是我們往往會「自動化思考」。我也是花費了很長一段時間，才終於體認到這個事實。雖然我們在生活中不停地與別人溝通，但我們說的話大部分都是未經思考就脫口而出。

✦自動化思考有時會傷害了關係

恩雅媽媽是一位職業婦女，因為平日要上班，把六歲女兒託給住在附近的娘家照顧。娘家媽媽一早就來到家中，從女兒準備上班開始，幫忙準備恩雅的早餐、帶她上幼兒園，做家事，準備一家人晚餐。恩雅媽媽總是對母親懷著一顆感謝的心。

但不久前，恩雅每到週末跟爸媽一起吃飯的時候，總會吵著要開電視。電視打開，她就會整個人盯著螢幕，每口飯都需要媽媽餵；一把電視關掉，孩子又會邊哭邊鬧……每當這種情況上演，恩雅媽媽就會在週末跟孩子吵架，搞得神經緊繃。

有天晚上，恩雅媽媽下班時拖著極為疲憊的身體回家，看到恩雅正在吃晚餐，但她並不是在廚房餐桌上吃飯，而是攤開小桌子，邊看電視邊讓外婆一口一口餵飯。

恩雅媽媽看到這副景象，馬上大發雷霆，隨口說出：「媽，為什麼老是在孩子吃飯的時候開電視？要讓她坐在餐桌上養成好好吃飯的習慣啊，妳不知道妳這樣做只會讓我更累嗎？妳這樣根本是幫倒忙！」

恩雅媽媽大聲吼完，就獨自回到房間大哭一場。

恩雅媽媽是一個糟糕的女兒、不及格的母親嗎？並不是這樣。但有一件事可以確定：恩雅媽媽在說話的時候，並沒有先想好自己應該說些什麼，而是在一瞬間把腦海中的話全都丟出來了。

當恩雅媽媽一回到家，看到女兒和自己的母親坐在客廳，女兒一邊看電視，母親一邊餵恩雅吃飯，恩雅媽媽的腦海中自動浮現：「又來了！這樣會讓恩雅養成吃飯的壞習慣，媽媽這麼做是教壞孩子，我要馬上糾正才行。」

自動化思考讓我們會不假思索地做出各種行為與判斷，讓人在未經思考之下，氣得急跳腳，會動手打人、哭泣落淚，甚至因此憂鬱纏身。與他人溝通時，我們無法總是深思熟慮、反覆斟酌用詞，才緩緩把話吐出。多數時候，我們會依賴瞬間出現的想法，按照「當下認為應該這樣做」的方式行動。

在同樣的情況中，自動化思考所產生的想法都是一樣的嗎？

答案是否定的。恩雅媽媽一看到這情況，如果想的是：「啊，還好有媽媽幫忙，不然恩雅的晚餐不知道誰來處理。」那接著應該會說：「恩雅妳吃得津津有味呢！還好有外婆在，媽妳辛苦了！」如果心裡想的是：「我好餓，也該吃點什麼了。」那不管一回到家孩子有沒有在看電視，恩雅媽媽也許會對自己的媽媽說：「媽媽，我也要吃飯，肚子好餓。」然後就坐在孩子旁邊，一起吃飯了。

在這種瞬間，每個人會浮現的想法都有所不同，面對的情況也都不同，因此難以預測。所以，如果媽媽沒有把要說的話、要做的行動先打好草稿，在孩子面前只是隨當下的心情說話行事，孩子就可能產生混亂。

✦自動化思考的陷阱

在某次工作坊進行對話練習時，有位媽媽聽完這個案例問道：「我家小孩總是不寫功課，面對這個狀況，難道我腦海中浮現的想法是錯誤的嗎？」

我反問：「妳浮現出什麼樣的想法呢？」她回答：「我會想：『又沒寫作業了！該罵他一頓！』因為這是必須糾正的問題，就算要責罵也得讓他改正過來。」

我又繼續問：「只要小孩不寫功課，妳每次都會覺得是孩子的錯，並且感到生氣嗎？」這位媽媽停頓了一下，想了想後回答：「不，並不是每次都這樣。如果我心情好的時候，就不會生氣。」

「那麼這種時候，妳腦中會浮現什麼樣的想法呢？」

「我會想：『人有時候就會討厭寫功課啊！』『是不是有什麼原因讓他沒寫功課？』因為我小時候也常常會這樣。」

我們在對話的時候，往往會將腦中突然浮現的念頭當作「真相」，就像是「不寫功課是錯的，必須要改正！」這類因自動化思考而來的想法。當我們相信這些想法是真理，就會認定對方犯了錯，應該要「糾正」他。

然而，這樣的思維模式會讓我們陷入一種「對立的溝通模式」，最終導致關係破裂。而且，這種情況不僅限於親子關係，無論我們面對誰，這種溝通方式都可能不自覺地出現。

✦讓關係破裂——悲劇性對話模式

媽媽回家後，走進孩子的房間查看功課。當她一看到要求孩子寫的評量卷上，乾乾淨淨、沒有任何寫過的痕跡，腦中立刻浮現了以下念頭：「又沒寫、也不是一兩次了，這孩子真糟糕。」接著想：「不能這樣下去，要大力斥責他，把他的壞習慣改過來。」

這些，都是因自動化思考而來的想法。

當我們想著：「我才是對的，別人是錯的」，對話會變成什麼樣呢？

媽媽：「你又沒寫功課，怎麼每次都這樣？每次都不準時寫！」（**判斷**）

孩子：「我準備寫了，現在要開始。」

媽媽：「你明知道該寫卻還想騙我？太讓人失望了，這樣長大後能做什麼！」**（指責）**

孩子：「……」

媽媽：「你在幹嘛？現在馬上進房間給我寫功課，要是再不寫，我不准你跟朋友玩！」**（強迫、威脅）**

孩子：「知道了啦！」

媽媽：「欸？還給我頂嘴？你很厲害嗎？我本來不想說的，阿俊數學都是滿分，你有哪次考得好的？」**（比較）**

孩子：「幹嘛要拿我跟他比較！我也有比阿俊厲害的地方啊！」

媽媽：「是嗎？你說說看。學生就該好好念書、聽媽媽的話，這不是最基本的嗎？」**（理所當然、義務化）**

孩子：「我知道了啦，現在寫就好了嘛！」
媽媽：「你如果早點寫，現在就不用跟媽媽吵。你不要再惹我生氣，我也不想罵你啊！」（**合理化**）

自動化思考的種類：
①判斷；②指責；③強迫、威脅；④比較；⑤理所當然、義務化；⑥合理化

我們對話溝通，是為了與人建立更好的關係。但如果重複以上的對話類型，反而會讓關係更糟糕，並帶來孤單、憤怒與憂鬱。批評對方、責怪對方、強迫對方、把對方拿來跟其他人比較，認為某種行動是理所當然的，同時合理化自己的言論，我們會這麼做，都是因為在對話時，依循腦中已有的自動化想法。

事實上，我們過去學到的這種溝通方式都是錯誤的。這些錯誤的對話，不僅讓我們無法說出心底真正想說的話，反而去責怪他人。因為我們從小太常聽見這種帶來孤立、留下傷口的對話，導致長大成人後也不自覺地複製同樣的方式，然後對著心愛的孩子、或其他人說出這種話。

✦恢復關係的對話方法

然而，我們仍然擁有能夠修復關係與恢復愛的話語。雖然，這需要花上不少的時間和努力，但只要學會了不同的對話方法，帶來的幸福感將遠大於付出的辛勞。為了開啟恢復關係的對話，**第一步是放下焦慮、不安與急躁的心情，察覺與接納自己的內心感受**。「啊，我過去一直是這樣與人對話的啊……難怪有時候我自己會受傷，對方也會受傷，彼此都累積了傷痛……」如果你能夠有這樣的體悟，那就已經足夠了。

然後，請先安撫自己的心，或許此刻的你也感到後悔，甚至對某些人感到抱歉。當你能夠意識到：「我的想法，只是自動浮現的念頭，並不一定是真相。」這時候，你就已經準備好開始進行**關係修復的對話**了。我們可以嘗試運用心理學家馬歇爾・羅森堡（Marshall B. Rosenberg）提出的**「非暴力溝通」**（NVC），來達成和平、正向的溝通。主要有以下的四個步驟：

1. **觀察**（不帶評價地描述事實）
2. **辨識與表達自己的感受**
3. **找出感受的源頭**（認清內在真正的需要）
4. **提出具體的請求**（不是命令要求）

首先，我們先秉持中立的態度，仔細觀察具體行為事件。接著，察覺自己對這件事有什麼感受，再去探討為什麼有這樣的感受，自己有什麼需求沒有被滿足？最後再練習把自己的需求表達出來。

以前述恩雅媽媽的例子來看，她認為恩雅學到不良的飲食習慣，都是外婆的錯。然而，這其實是自動化的想法。如果她能夠意識到這一點，就能思考改善方法，也能開啟與娘家媽媽改善關係的對話，例如，她可以這樣做：

- 回家後看見媽媽開著電視，並餵恩雅吃飯。（**觀察**）
- 察覺自己的擔心，怕孩子有不良的飲食習慣。（**感受**）
- 希望媽媽能讓孩子坐在餐桌上吃飯，並養成習慣。（**自我需求**）
- 真誠地向媽媽說出內心的感受和想法，請媽媽改為引導孩子在用餐後，可以

看自己想看的電視節目。一開始如果孩子拒絕在餐桌上吃飯，除了看電視，
也可以讓孩子在吃飯時帶著喜愛的玩偶一起坐下。（**請求**）

類似這樣的溝通方式，在後面的章節中，將提供幾個階段「有助於關係的內心對話」的練習。要達到這種對話，並不是一開始就能順利運用的；有時候第一次做很成功，到中途卻有可能失敗。然而，只要我們能夠意識到自動化想法會破壞關係，為了改善這個問題而願意努力，溝通品質就能進步。沒關係的，我們可以慢慢來，一起學習！

接納自己的對話練習

✧ 練習察覺自己每天有哪些自動化思考，並試著區分它們屬於哪一種：

①判斷；②指責；③強迫、威脅；④比較；⑤理所當然、義務化；⑥合理化

✧ 接著請告訴自己，那是直覺產生的想法，並非事實。

03 你有多了解自己？

運用周哈里窗，為自己的人生開一扇窗

如果想要擁有幸福美滿的婚姻，與孩子建立良好的親子關係，和朋友相處融洽，並且和自己在乎的人創造美好的連結，我們應該重視什麼呢？

兩位美國社會心理學家周瑟夫．魯夫特（Joseph Luft）和哈利．英格漢（Harry Ingham），提出了「周哈里窗」理論，把人的自我認知分為四個方面，藉此幫助人們建立良好溝通。我們若能好好理解並加以運用，就能和他人建立良好的人際關係。

「周哈里窗」理論中的四個部分包括了：

1. **開放我**：我和別人都知道的「我的模樣」

2. **盲目我**：雖然我不知道，但別人知道的「我的模樣」

3. **隱藏我**：雖然我知道，但別人不知道的「我的模樣」

4. **未知我**：我和別人都不知道的「我的模樣」

✦開放我：我知道，別人也知道的「我」

「開放我」，指的是自己和他人都知道的部分，也就是所謂的「開放領域」（open area），又稱「公眾我」。這兩位心理學家認為，當人們盡可能地擴展開放我時，就能建立更幸福的人際關係。

每次在工作坊以小組進行對話練習時，我發現剛開始大家因為還很陌生，眼神不會交流。但進行自我介紹之後，了解彼此都是母親，孩子的年紀又

周哈里窗

	自己知道	自己不知道
別人知道	開放我（open）	盲目我（blind）
別人不知道	隱藏我（hidden）	未知我（unknow）

差不多，大家馬上會變得很熟悉。不僅在休息時間時，一群人會進一步交談，下一次的課程碰面時，大家甚至會交換對方需要的物品。對彼此的了解愈多，關係就會愈親近，也會避免引起對方不悅的行為。

透過這樣認識彼此的過程，愈了解對方的喜好和厭惡，就愈能避免衝突發生。即使發生衝突，也容易解決。然而，在互相認識的過程中，也並非都如此順利。某次我在工作坊時，一位男士分享了這個經驗：

某個炎熱的夏天午後，老婆打電話叫我回家的路上買冰淇淋。我下班後就去了家附近的超市，看到巧克力和汽水口味的冰棒，我就買了滿滿一袋回家。

把裝冰淇淋的袋子拿給老婆後，我就進房間換衣服。走出來發現老婆把冰淇淋都倒在餐桌上，生氣地瞪著我。我問：「妳怎麼不吃？」

「我不是叫你買冰淇淋嗎？這是冰淇淋嗎？是冰棒好不好？」

我這才聽懂老婆的意思，連忙說：「抱歉，我再出去買給妳好嗎？」老婆生氣地說：「不是這個問題！你居然不知道我不吃冰棒？我們都結婚十一年了，你怎麼都不知道？你這麼不了解我嗎？」

我一邊道歉，突然想到一件事，趕緊說了出來化解危機：「老婆，上次我生日，妳不是做了炒茄子嗎？其實我不吃茄子。妳不也忘記我不吃茄子嗎？」

老婆嚇了一跳說：「親愛的，你不吃茄子啊？」然後，兩個人就笑了出來。

了解彼此的過程，有時就會像這樣出現爭吵、紛爭。從那天起，故事裡的男士應該不會再買老婆不吃的冰棒了。我們若能更了解彼此，自然就能減少衝突。

和孩子溝通也是一樣，不管是自己親生、還是領養的子女，他們都是獨立的個體，擁有各自不同的特質。若你認為孩子的想法應該跟自己一樣，就會引來很多衝突。因此，我們要透過對話和經驗，持續地了解彼此，了解對方愈多，關係就愈能融洽。

✦盲目我：我不知道，但對方知道的「我」

我記得有次和兒子講到一件讓彼此不愉快的事情，他突然說：「媽媽，妳就是很固執嘛！」我聽了非常委屈。我心裡想：「誰會像我一樣，去理解你那些完全沒道理的想法？」另一次，我最好的朋友對我說：「妳說話總是面帶微笑，但只要妳認為是正確的事情，就絕對不會讓步。」這樣的評語讓我真的難以接受。在他人眼中，我竟然是這種模樣？大家也有過這種經驗嗎？

從自己最相信、要好的朋友口中，聽了類似的話好幾次之後，我終於開始察覺，也許他們說的沒錯。我的確在與最親近的人相處時，有過這樣的行為，為此我感到無比慚愧。

不論是誰，都有必要好好聽聽別人怎麼說自己、從中覺察。但這其實是一個痛苦的過程。因為那些話聽起來並不是為了幫助我們，反而像是評論自己、責備自己，因此我們會產生抗拒而不願承認。**在周哈里窗理論中，別人早已看清、但自己卻無法正視的模樣，就稱作「盲目領域」**（blind area）。

請你試著思考：閉上眼睛時，你周遭的人都看著你。這種感覺當然讓人很不舒服，可是這就是事實。雖然我們說的話、做的事，似乎都顯示出對自己瞭若指掌，但我們仍需要謙虛地聆聽孩子對父母的評價，傾聽孩子給自己的建議，才能拓展「開放我」，讓父母與子女的關係更加健康。

✦隱藏我：我知道，但別人不知道的「我」

有一對剛開始約會的男女，他們對彼此的認識僅有學歷、職業、住處等基本資訊，除此之外他們對彼此一無所知。某次約會中，兩人開啟了對話：

「我喜歡韓國料理。我從小在美國長大，每次媽媽來美國找我都會做好吃的泡菜和雪濃湯給我，真的很好吃。之後每次我回韓國，都一定會吃雪濃湯和泡菜，我到現在都還很喜歡。」

「原來如此。我從來沒去過美國，看到電影出現紐約的場景，都會想親眼看看，我也想去紐約中央公園散步。我對美國充滿好奇。」

「那如果你要來美國，請一定要告訴我，讓我帶你去參觀。」

就這樣，兩人對彼此稍微熟悉一些了。是怎樣得知的呢？因為他們主動談論了自己的事，**在哈里窗理論中，第三種領域是「雖然我知道，但對方不知道的部分，這就是『隱藏我』（hidden area）」**。即使是很親密的關係，如果不開口表達，對方也會覺得吃驚或陌生。這種狀況在親子之間也是一樣的。**我們總希望自己不說，別人也能懂我；甚至理直氣壯地認為對方應該會理解自己。因此，若是對方不明白時，我們就會吵架、生悶氣，甚至會斷絕關係。**

過去我也曾依照自己的想法，把重要的人任意分類，甚至因此斷絕與對方的關係。回想起來，當時的自己其實是因為害羞、擔心與不安，而不敢向對方說出自己的事情。因為我在父母離異的家庭環境中長大，我擔心自己如果說出這些事，對方會不會看不起我？所以我總是難以向別人袒露自己。然而，我的心裡其實想說出口，想要讓別人瞭解我。之後，我開設對話練習課程，並發現大多數人都是這樣：**人們很希望能有個對象傾訴自己。**只要沒有害怕、擔憂，人們想說的話可是很多的。

✦未知我：我不知道，別人也不知道的「我」

每個人似乎都有著自己的潛意識儲存庫。這些部分，**在周哈里窗理論中提到，是連自己都不知道，別人更不會知道的「未知我」（unknown area）**。這也許已經超出了我們對人性的認知。但與人相處時，其實只要能運用其他三個領域，即使不觸碰這個未知的領域，我們也能增進人際關係。我認為，在這個領域我們要知道的是，不論是誰，能夠承認自己也有自己所不知道的模樣，光這一點就能讓人謙虛。

我們到底有多了解自己呢？我們是否能真誠地面對與接納我們認識的自己？而我們是否能坦然地向他人充分說明、讓對方理解自己？為了擴展「開放我」，我們需要多少的對話，又需要多少勇氣、學習多少技巧呢？

我想，如果我們能誠實地敞開內心，和他人分享、一起學習，這的確是可以實現的。身為母親，我認為更是有必要練習擴大「開放我」。

和我一起主持節目的搭檔金泰恩曾說過：「拓展『開放我』，就像是參加一場奧運比賽，透過不斷的練習和訓練，經過一道又一道關卡，穿過那一次次障礙，最後在關係中學會同理與包容。」也許獨自一人會感覺辛苦，但如果我們願意一起努力，就可能做得到。

接納自己的對話練習

現在，請你邀請最了解你的一個人、或是你最愛的一個人。透過以下的問題，練習擴大彼此的開放領域。作答後，不妨一起聊聊對這五個問題的想法，也許兩人能因此更靠近彼此。

✧他知道你最喜歡什麼嗎？（自己的隱藏我）

✧你知道他喜歡什麼嗎？（對方的隱藏我）

✧為了避免讓彼此不開心，你們會做什麼努力呢？（彼此的隱藏我）

✧當他說了一些關於你的事，你能試著理解與傾聽嗎？（自己的盲目我）

✧你能夠誠實地向他表達你自己嗎？（自己的隱藏我）

04 你仍然困在父母帶給你的痛苦之中？

修復原生家庭帶來的心理創傷

我在許多場演講與工作坊活動中，接觸了各行各業人士尋求諮詢，對象從上班族，到牧師、法官、學生、教授等……。雖然每個人的情況不同，但既然參加了工作坊，大家終究要面對自己的過去。不過，令人意外的是，許多人不約而同帶著父母留下的傷害。那些傷害埋在心底深處，跟著自己一天又一天。換句話說，每個人身上都帶著自己的黑歷史。然而，多數人在成長的過程中，無法正視父母對自己施加的惡言或暴行，長大成人後，心中仍然充滿混亂。等到自己當了父母，還會因此做出父母不該犯的惡行，最終導致自己後悔不已。

✦任何事都不能靠「隱藏」解決

當我開始從事諮商工作時，發現很多人都曾直接或間接地經歷家庭暴力。每當我看到那些人流露出的神情，就會被一股巨大的痛苦和責任感包圍。許多兒時遭受父母虐待的大人，會假裝自己是健康長大的。但是，我希望你們能讀讀這篇文章。

我在主持的節目和演講中提到很多次，父母在我小時候就離婚了。變成單親家庭後，我常常被爸爸家暴毆打。現在我的父親還在世，把這些真相說出來，從社會角度來看並不是孝順的行為，但我仍然鼓起勇氣說出來，是為了走完我該走的路。

我讀國小的時候，爸爸經常沒理由的毆打我，我無法接受這種突如其來、不明原因的暴力，時常憤恨難平。某天，我被父親打了許久，好不容易從家裡逃出來，找到公共電話打給媽媽求救；然而，媽媽沒有回來保護年幼的我，只是叫我回家，就掛了電話。那時，我的心中充滿無聲的憤怒和虛脫的挫折，從此以後，一股扭曲的邪念就在心中生根，我深深體會到「世界上沒有一個人值得信任」。

因為父母離婚和母親缺席，導致我深陷極度的不安全感。當時，我睡到半夜都會不小心尿床，起來後就會被爸爸拳打腳踢。但再怎麼樣都不能因為尿床而毆打我，更正確來說，是「任何清況下都不能毆打孩子」。然而當時，我爸爸並沒有安慰陷入恐慌的我，只是打我出氣。他再婚後不改本性，新來的後母也只是默默看著我被毆打，縱容家庭暴力一再發生。

現在，如果我的兩位父母看到這篇文章，心中可能會難受，甚至想要否認。但不幸的，他們兩位都是虐待兒童的加害人。兒時的經驗束縛了我數十年，留給我極大的傷痛，也一直折磨著我。現在的我，並不是為了責備父母，才寫下這篇文章。事實正好相反，如果我想否認、隱藏父母曾帶給我的痛苦，那會成為我心中依然憎惡父母的證據。**我相信「坦白」的力量，相信「坦白」具有治癒內心的能力。我知道，當我們坦白說出父母帶給我們的傷痛，過程的最後，也能夠讓我們理解父母當時的情況和心理狀態。**

為他人諮商的過程中，我常常遇到當事人隱藏自己兒時經歷的痛苦，害怕翻出那些往事。他們因為害怕重新回想那些不堪而假裝堅強，內心卻很脆弱。我知道，說出這些真相對當事人來說多麼艱難，所以我絕對不會催促他們，也不會套他們的話，或要求揭開那些傷口。但我偶爾會小心翼翼地詢問，並主動坦承自己受過的苦。「現在回想那件讓你痛苦不已的事情，還是會很吃力嗎？」我認為當事人不應該一味地承受這些痛苦，而是要重新審視，進而獲得療癒。

✦懷抱著痛苦長大，最讓人痛苦

過去的我，總是隱藏自己兒時被家暴的傷痛，對別人說謊。表面上，我假裝自己在充滿父母關愛的家庭成長，因此而對兒子做錯了許多事。在我兒子還小的時候，我無法控制自己的情緒，在他面前擺出雙重標準、言行不一。當時，他正處於需要穩定依附關係的時期，媽媽的情緒矛盾應該令他難以接受吧。

當時的我心想：「孩子就是要打才會聽話！」

當時我這種自我合理化的說法是從哪裡冒出來的？也許是自己小時候被父母毆打，一種自我說服的方式。被父母不明事理的毆打，心裡很難接受，卻沒任何解釋能讓自己能解開心結。時間一長，我們養成了掩埋傷口的習慣，總想著：「父母有那樣做的原因，我當時也真的該被打。」等我們成為父母，就以此做為毆打孩子的根據，還會心想：「這孩子就是欠打。」

身為父母，需要時時檢視自己對待孩子的言行舉止，是否保持著溫柔，還是使用了暴力。我必須說出一個驚人的事實：虐待孩子的父母大多堅決否認自己有虐待行為。因為他們不願意背負罪惡感。

這些用暴力管教孩子的父母認為，一旦開始打孩子，下次就要打二次、三次才能讓小孩聽話。打著打著，就打上癮了。第一次打得輕，第二次用力一點，後來就習慣下重手了。然而，不論是施暴打人的人，還是承受暴力的人，都會一點一滴逐漸適應、產生暴力傾向，因此，我們務必要終止家庭暴力。

如果要終止家暴，就需要承認自己遭受虐待，受到暴力之後，承受極大的痛苦，因為接受的是不正當的對待。我們必須清楚知道，父母沒有任何理由，能夠毆打我們。如果你曾經在成長過程中，內心受過傷，或處於難以承受的暴力之中，你需要好好重新面對這些悲傷，舉行儀式來哀悼它們。

幾年前，我曾在一間收養機構擔任志工，第一年是為機構員工授課，第二年則是教育收養家庭的父母。某年冬天，收養機構舉辦一場音樂會，孩子上臺高歌合唱，臺下的我，看著他們一個個穿著整齊、唱著動人的歌聲，胸口卻忽然湧上一股難以抑制的悲傷。最後，我忍不住哭了出來。明明眼前的孩子們那麼漂亮、那麼可愛，但我腦海中卻浮現出一個穿著破舊衣服、孤零零站在舞臺上的孩子。那個孩子，其實是我童年時的自己。

我發現，原來我的內心還沒有真正放下過去的傷痛，於是我在心裡召喚了小時候的自己：「沒關係，你可以過來這邊！」

現在的我已經成為心理健康的大人，可以去安慰、擁抱那個幼年被忽略、渴望愛的自己。而現在的我，也努力把當年自己渴望，卻沒有好好接收到的那種愛，用行動回饋給每一位正在成長的孩子們。我相信，這個世界上，不論是誰都渴望被愛，也都值得被愛！因此，每當想起自己缺乏關愛的童年，悲傷便會浮上心頭，我就讓自己好好地哭一場。沒有壓抑，也沒有隱藏，只是溫柔地讓那些情緒被看見。

任何人受到虐待，都會輕易掉入困境：想擁有愛，卻認為自己沒有資格被愛。我認為，雖然我們無法挑選父母，但每一個人都是值得被愛的生命，希望來到世上的父母和孩子，都能知道這一點。在成長經驗中曾經遭受任何形式的虐待，絕對不是自己的錯，而是因為父母、老師、監護人表達自己言行的能力不足。我希望有被虐待經驗的大人，都能了解這一點。

✦讓孩子長大的不是暴力，而是愛

「你希望自己的孩子成為什麼樣的人呢？」多數的父母都會回答，希望孩子心中充滿愛、懂得幫助別人，還具有領導力。

如果希望孩子長成這樣的人，在教養中最關鍵的就是讓孩子得到完整的愛。孩子會接收父母給的愛，也會承受父母施加的暴力，他們更會從中模仿學習。因此，我們必須給孩子澆灌愛。為了讓孩子在愛裡成長，父母必須認知到，自己可能不知不覺間，說了不該說的話、或做了不該做的行為，承認有時對孩子使用了暴力，跟長輩曾經犯的錯誤相差不遠，而自己明明知道那有多麼痛苦。事實上，兒童遭受暴力的案例當中，有八成都是來自於親生父母。**只要父母誠實面對，承認自己對待孩子時，的確使用過暴力，就能有效減少暴力管教，最終能成功終止家暴。如果只是認為：**

「哪有那麼嚴重？我沒那樣虐待小孩。」然後合理化自己的暴力管教，就非常難改變了。

孩子會從自己和父母的關係中學會許多事情，不論是和世界打交道的方式，還是人際關係，孩子都是從原生家庭學習而來。孩子的成長過程中，不見得同時需要父母兩人的陪伴，不論是雙親家庭、單親家庭、未婚家庭、隔代教養家庭等，都是一樣的，沒有哪一種才是最好的成長環境。只要孩子能與主要照顧者建立起依附關係，就能感受到：「原來這就是愛啊！」希望大家不要忽視孩子對愛的需求。

無論什麼理由，暴力都不能成為愛的表達方式。這麼做會讓孩子的心田長出毒菇，而不是花朵。如果內心有了毒，就會影響孩子的交友關係和未來。任何小時候經歷過暴力的父母，都十分清楚這種事有多可怕。想想那時的我們，用什麼樣的心態聽從父母的話呢？我想，我們都是單純很害怕，就按照長輩的要求去做罷了。

不要忘了我們那時的恐懼和委屈，想想自己曾經期望父母是什麼樣子？這樣我們才能用不同於過去的方式來對待孩子，也會了解如何陪孩子成長——這段珍貴的童年時光一去不復返。我們比任何人更能安撫孩子的內心，這也是我們絕不能忘記自己受過的痛苦的理由。活在家暴陰影下長大的父母，比任何人更容易成為溫柔的父母。

讀著這本書的各位，如果也曾遭遇這樣的不幸，我希望大家都能好好療癒自己，撫平兒時的痛苦。**要相信自己擁有治療痛苦的能力，這點非常重要，大家若能持續治癒，那些傷口便會蛻變成一個個故事。**就算覺得自己起步晚了，也請從現在開始行動。我想安慰世界上所有的媽媽，以及懷著痛苦長大的媽媽，並替妳們加油，妳們為了活下來，真的辛苦了。

雖然我們無法選擇父母，
但我希望孩子和父母都能體認到，
每個人都是為了得到愛，
才來到這個世上。

接納自己的對話練習

請回想一下，小時候你最渴望從父母身上得到愛，是什麼樣的方式。

✧ 當你的那份渴望沒有被滿足時，你有什麼樣的感受呢？

✧ 無論你有哪些負面情緒，都請以允許它存在、溫柔寬容的心安慰自己。

✧ 然後，請你今天一定要對自己做一件那時候的你最想被愛的方式。

05 你想成為不生氣的媽媽嗎？

理解憤怒背後隱藏的感受

成為母親之後，有時候會訝異自己表現出不同的模樣：有時覺得自己很糟糕，有時發現自己竟然比想像中的勇敢。這些意外的發現常常伴隨著其他感受，有時能拉近與孩子的距離，有時則會讓他們離自己愈來越愈。

✦憤怒讓我們崩潰

回想一下，當我們扮演母親角色而身心崩潰時，內心出現的許多感受，其中一種便是憤怒。當我們失去控制，即使知道要好好坐下來跟孩子談，卻缺乏表達的能力。自己大肆發洩之後，往往會引來罪惡感，擔心會跟孩子疏離，然後開始自責，心情愈來愈難受。這樣不但影響往後的親子關係，自己也會覺得丟臉、很糟糕。

與孩子溝通⇩媽媽生氣⇩媽媽產生罪惡感⇩媽媽擔心親子關係惡化，內心焦躁⇩媽媽開始自責難過⇩媽媽覺得很丟臉、自己很糟糕。

以上這些情緒不見得是壞事，而且愈想要擺脫，反而只是讓自己愈痛苦。許多人為了消除罪惡感，會去做一些事情讓自己忘記痛苦的感受，像是喝酒、逛街、追劇，甚至有人會拚命吃東西。但是，我們必須仔細觀察，當自己做出上述的行為時，根本的原因究竟是什麼。

✦我們可以控制住憤怒嗎？

一般人生氣時，很容易隨便說話。

「我真的很生氣，都是你害的！」

「這種事，當然是你要自己處理的啊！」

「都是你先開始的，不然我也不用這麼生氣！」

請大家回想自己生氣的時候，是誰惹你生氣的呢？當時的情況如何？你跟對方是什麼關係呢？雙方之間，誰更佔上風呢？也請回想看看，當對方處於弱勢或優勢，或對方是自己敬畏的人時，你的感受會有什麼不同呢？

我經常親眼看到，媽媽在與孩子兩人獨處時、或與第三者在一起時，會做出截然不同的反應。我在工作坊上跟那些說無法控制自己脾氣的媽媽提到這件事時，她們都會同意：**人多的地方比較容易忍住脾氣，但和孩子獨處時，就會忍不住**。問題的關鍵就是，明知道自己脾氣不好，卻把這一點合理化成了可以生氣的理由，進而變得更容易生氣。在自己敬畏的對象面前、在人多的地方都能保持好脾氣，然而，一旦遇到好欺負的人，或處於安全隱密的場所，就會放縱自己生氣。這也就是為什麼我們容易對家人發脾氣的原因。

對家人生氣時，我們的心裡是這樣想的：

「都是你害的，都是你惹我的，你瞧不起我！」

如果能轉變想法，說出的話和做出的行動將有所不同。

「沒錯，我很生氣，我真的被氣死了，我現在的感受充滿憤怒！」

上述兩種想法，都是在憤怒情緒下出現的，但表達的方式卻有很大的差別。

第一種想法，是讓自己陷在憤怒的情緒當中，並把原因歸咎於對方；第二種想法則是把自己與憤怒的情緒區分開來，告訴自己，我只是這個當下感到憤怒而已，但這個情緒並不代表我。這是如何做到的呢？我將透過接下來的故事說明。

我在玄關罵了孩子，因為他總是粗心大意。他沒有好好整理書包，如果他能好好準備，我就不用生氣了。這種事不止一兩次，我當然會生氣，我對他大聲說：「馬上整理好書包！」然後開門叫他趕快去上學。這時，我剛好跟隔壁鄰居對上眼，鄰居一打招呼，我也不知不覺微笑回應，然後溫柔跟孩子說要好好去上學。後來關門回到家時，我才想起之前在工作坊練習過的說話方式。

「對了！我有控管情緒、不生氣的能力，只是我不想去做而已。」我這才體會到，剛剛那瞬間，我完全可以控制自己的情緒，這是一件多麼重要的事。後來孩子放學回到家時，我向他道歉。每次發脾氣之後，我都會後悔、希望自己不要再重蹈覆轍，但我還沒有自信，不確定自己做不做得到。

✦憤怒情緒的三種警訊

我們來思考看看，人究竟能不能控制憤怒的情緒？

試想，我們正在責備孩子的時候，老師突然打電話來。我們原本嚴厲的嗓音，一下變得很溫柔說：「喂？」然後接起電話。這時，假如老師特地打電話來稱讚自己的孩子，那媽媽掛上電話後，會怎麼對待孩子呢？又或者，老師特地打電話來傳達對孩子的擔心，掛上電話後，媽媽又會怎麼對待孩子呢？兩種情況下，媽媽對待孩子的方式，都會跟打電話前一模一樣嗎？還是會有所不同呢？

我們也許會認為，接到老師電話之前，自己無法控制憤怒的情緒。然而，聽完老師對孩子的稱讚，任何人都得承認：我們竟然就怒氣全消。大家剛剛還堅持自己的脾氣是沒辦法控制的，換成這個情景時，卻發現情緒已經冷靜下來。由此可知，每個人都能透過轉念的方式，來控制自己的脾氣。

雖然有些人會認為：「我天生就是忍不住生氣。」但是，這其實只是「不想忍住」罷了。換句話說，生氣不是「忍不忍得住」的問題，而是「怎麼面對」的問題。父母要以愛來化解憤怒的情緒，而不是忍耐，否則就會讓自己的心生病，請大家不要忘記，我們是可以自己控制情緒的。

以下是憤怒情緒的三種警訊，出現這些訊號時，要好好察覺自己情緒的變化：

1. **認為一切都是別人的問題。**
2. **自己想要的事物，卻無法如願。**
3. **說出後悔的話，或做出後悔的事。**

不久前我看到一則新聞，有位離婚後的單親媽媽，某天因為很生氣而把熱水倒在孩子身上，導致孩子二級燒燙傷。當父母拿孩子出氣，愈是把錯怪在別人身上，自己的行為就會變得更暴力、性格也會更憂鬱。因此，我們必須學會控制自己的脾氣：一旦生氣，就要馬上觀察自己。唯有如此，才有可能選擇用其他的角度來看待事情，轉化憤怒的情緒。

✦發掘隱藏在憤怒背後的情緒

如何才能和憤怒的情緒和平共處呢？最好的方法是「放過自己」，不強迫自己和他人去做自己認為「對的事情」，對彼此都更寬容。

我們不需要想著：「家裡三餐，必須由媽媽親自準備！」或「家裡一定要保持乾淨，一塵不染！」又或者：「只要吵架，就是不對！」

當我們對自己愈嚴苛，要求別人的標準也會愈來愈高。我們可以對自己寬容一點，這樣對家人也能夠更溫柔。例如：偶爾買外食回家吃，並沒有什麼錯，自己身體特別累的時候，沒有在家煮飯也沒關係的。先對自己寬容一些，放下對所謂「對的事情」的執著，那麼對待孩子時，態度也會變得更溫和，能減少發脾氣的次數。孩子跟我們小時候一樣，在成長的過程中會不小心犯很多錯，他們會在錯誤中學習，這是屬於孩子的權利。

放過自己，不要總是強迫自己必須做「對的事情」。說起來很簡單，但執行上需要更了解自己的感受，才能更包容自己。

其實，憤怒的情緒並不是真的生氣，只是「擔心」的另一個名字。例如：孩子沒有帶好文具和作業簿，媽媽就會生氣，原因是：媽媽希望孩子準備好用具，在學校才能過得更順利，這時，媽媽的憤怒其實是「擔心」。又例如：孩子吃飯時挑食，媽媽也會生氣，原因是：媽媽希望孩子能健康長大，希望他營養均衡，不要偏食，這時，媽媽的憤怒也是「擔心」。

另一方面，憤怒有時候代表著「失望」，例如：媽媽累到很想休息，孩子卻在一旁吵鬧，媽媽就會生氣，原因是：希望孩子能暫時安靜一下，讓自己可以休息，這時，媽媽的憤怒就是「失望」。

仔細挖掘隱藏在憤怒背後的情緒，就能找到各種細膩的感受：失望、憂鬱、悲傷、擔心、不安全感、挫折、筋疲力盡、虛脫、害怕等。自己憤怒的原因，多半不在於對方，而是因為自己當下的心理需求沒有獲得滿足。這些細膩的感受都包裝成了「憤怒」，因此，**我們處理這些「憤怒」時，不應該過度壓抑自己（自責），更不應該遷怒他人，而是要找出那些情緒真正的名字，了解自己生氣的原因。是不是因為期待落空？是不是需要被他人理解？**

如果因為孩子太吵，自己無法休息，與其大聲責備孩子，這時應該要試著告訴孩子：「媽媽很累想休息，想請你暫時安靜一下，但是你還是很吵，所以媽媽現在好疲倦。」像這樣請孩子配合，或是跟孩子說：「媽媽只想安靜閉眼休息十分鐘。」孩子一定會盡力幫忙的。

✦伴隨憤怒的感受

我每次在工作坊聆聽媽媽們分享跟孩子的相處，都會想起自己對兒子說過的話、做過的事而覺得痛苦。當時我即將和前夫分居，有好幾次，兒子晚上睡到一半卻突然驚醒，因為他非常焦慮。然而，當時連我自己都很沒有安全感，自然無法安慰兒子，也無法同理他，所以只要他半夜醒來大哭，我就會氣得火冒三丈說：「你不要再哭！你害我半夜都不能好好睡覺！」

每當回想起這件事，我都希望能回到過去，希望那時的自己可以變成一位「有智慧」的媽媽，能理解孩子、控制住自己的憤怒。然而，時光無法倒流，這些讓我後悔的事，曾讓我掉入無止盡的罪惡感深淵。

1. 真實的罪惡感

罪惡感有兩種，第一種是真實的罪惡感。

想像一下——你走在路上，無意間撞到了某人，害對方跌倒，這時你會怎麼做呢？我們應該會趕緊扶起對方，並說：「你還好嗎？我不小心撞到你了，對不起！」但如果你不道歉，對方可能很無奈，或是生氣地說：「欸！你幹嘛撞我？我在趕時間，你可不可以小心一點啊？」也可能只是轉身回一句：「今天真衰，遇到神經病。」

我們每個人在生活中難免會犯錯，不小心造成別人的損失，這時就要對自己的行為負責。當孩子在學校打人，雖然不是父母動手的，父母仍然必須向對方（孩子）和父母道歉，設法解決問題，否則，這會讓別人心裡不舒服，也會導致孩子的人際關係惡化。這類情況就屬於真實的罪惡感，是我們作為群體生活的一員，為了好好與他人共處而需要具備的基本態度與反應。

2. 神經質罪惡感

我們也經常會陷入另一種罪惡感，就是反覆折磨自己的神經質罪惡感。在陪伴許多媽媽的過程時，我發現，許多媽媽身上（包括我在內），都有這種內在責難與痛苦。

「對不起，我錯了，全部都是我的錯。」

即使對方已經說沒關係，第二天又會陷入罪惡感中，口裡說著：「對不起，我真的很抱歉，我怎麼會這樣呢？」但這種過度的罪惡感，並不會幫助自己，也無法讓我們和對方的關係變好，只是讓我們的內心疲憊，變得更加脆弱。

我也曾經有這種經驗。兒子五歲大的時候，我發現筆電裡儲存了錄音筆錄下的音檔。當時，是我內心最煎熬的時期，所以一度猶豫要不要點開來聽，遲疑之後，打開檔案，發現是我和兒子的對話錄音：

「我媽媽的名字是朴宰蓮，我的名字是金○○，我的媽媽好漂亮！」

一聽到兒子稚嫩的聲音，我馬上關掉檔案，不停流淚，沒辦法再聽下去。這麼可愛的聲音，為什麼讓我這麼煎熬呢？我仔細想了想，發現是我抗拒回憶那段時光。那時的我身處困境，無法照顧孩子的心情，動不動就對孩子發脾氣，事後又非常內疚，這些回憶讓我痛苦不已。因此，我完全不願再想起，我的腦海充滿著沒有替孩子做到的事。但這並不是事實的全貌，我不該把所有的錯都歸咎在自己。

後來我才明白，我累積了不少神經質罪惡感，認為自己是個失敗的母親。然而，過度陷入罪惡感之中，會掩蓋當時自己做得好的事情，以及那些幸福美好的回憶，就像是我一度遺忘曾經有過的美好時光。多虧有錄音，才幫我重拾回憶。

我在工作坊進行對話練習後，聽到一位媽媽說：「我不願意想起在孩子身上犯的錯。」「對孩子實在太愧疚了，好痛苦！」有些人會壓抑那些不好的回憶，只談論那些自己做得好的事情，這樣的反應，是因為他們害怕自己會討厭自己。如果對孩子感到抱歉，自己就是壞人、也是一個能力不足的媽媽，所以不願意回想。

✦用智慧面對罪惡感

人活在世上，難免都會有對別人感到抱歉，心懷罪惡感的時候，尤其身為媽媽，總會有對孩子感到抱歉的時候。

從懷孕的那一刻起，我們都想把最好的一切給孩子。但是，我們的經濟條件不寬裕，個性也不完美，能給孩子的總是不夠，還讓他們看見自己不成熟的樣子，因而心裡常常對他們感到抱歉。這種罪惡感是源自媽媽真心想給孩子最好的，因此，這種罪惡感其實是一種美麗的情感。

那麼，我們要如何擺脫罪惡感呢？大家應該擺脫神經質罪惡感，但真實的罪惡感並不是壞事，父母必須負起責任好好面對：如果用錯誤的方式對待孩子，就向孩子道歉，並時常想著能為孩子做些什麼。如果父母無法搞懂心中的罪惡感，到底是哪一種類型，就會盲目地自責，或只是行禮如儀地對待孩子，或拒絕好好面對孩子，這樣一來，對親子關係和溝通都毫無幫助。

我們都知道，世界上沒有完美的父母。因此，我們能做的不是成為「最好的」父母，而是成為「最努力」盡責任的父母。

接納自己的對話練習

請對自己說出以下的話。

✧ 當你生氣的時候，請對自己說：

「我希望的事，是不是沒有實現？所以才覺得心裡很不舒服？」

✧ 對孩子感到抱歉的時候，請對自己說：

「原來，我想對孩子更好。」

請透過這樣的自我對話，讓自己察覺憤怒與罪惡感，以及這些情緒背後要傳達什麼警訊。

MOTHER'S DIARY

難以承受的情緒

我時常陷入崩潰。

我在最愛的孩子面前
不能展現自己理想的模樣。
我有時候比孩子更不成熟，
有時候像是一頭猛獸。
在某個瞬間，
我對一切都很不滿意。
我陷入內在的思緒，忽略了孩子，

MOTHER'S DIARY

等回過神來，才開始後悔並責怪自己。

我不知道該如何面對自己，
也不曉得如何照顧自己的情緒。
那些感受我無法直視，也無法面對。
生活任由心情左右，日子一天一天過。

我該說，是含著淚看見的藍色天空教會我的嗎？
我該說，是孩子對我笑的時候，他的笑容教會我的嗎？
我該說，是孩子在我的懷抱熟睡，他的呼吸聲教會我的嗎？
原來我所有的感受，都是我活過的證據，
我決定接受這個事實。

MOTHER'S DIARY

偶爾難過，
偶爾沒有安全感，
偶爾生氣，
都只是證明我是一個活生生的人。
這些感受都再自然不過。
我決定敞開心房，完全接納它們。

當那些話
貫穿我人生的瞬間，
我似乎就明白了：
孩子之所以莫名哭鬧的原因，
孩子之所以忽然情緒低落的原因。

MOTHER'S DIARY

我曾以為自己無法承受這些情緒，
其實它們就像風一樣，
是不斷來來回回的過客。

現在，我才了解，
那陣風也在孩子的身邊，來了又走了。

06 透過內在對話，建立親密的親子關係

如果我們嘗試理解內心受過的傷，勇敢面對自己的脆弱與限制，事情將會有什麼變化呢？

很多時候，當我們能夠如實接納過去的傷痛，讓悲傷找到出口，這時就能讓自己獲得安慰，內心也會產生力量。在那樣的狀態中，熱情與渴望也會重新浮現。那不一定是雀躍的快樂，而是一種平靜而深沉的動力，讓人產生「我想再了解看看」的心情。

愈是執著於無法改變的事物，自己只會更加痛苦。如果我們一直想要改變別人，但對方無法成為我們心目中的樣子，我們也會陷入痛苦之中。

因此，我們應該從自己能做的事開始，其中最重要的一件事，就是要改變自己。身為媽媽，我們若願意這麼做，就會大大改變親子關係。

某次的工作坊，一位媽媽先哭了好一陣，才嘆著氣提問：「現在的我該怎麼和孩子重新建立良好的關係呢？怎麼做才能撫平孩子受過的傷？雖然有點晚了，但只要我願意改變，就能回到以前和孩子親密的狀態嗎？孩子還會喜歡我嗎？孩子在小時候總是說媽媽是世界上最棒的人。」

如果可以的話，希望大家能暫時闔上書，閉著眼睛深吸一口氣，停止腦中一切的想法，只要專注於呼吸就好。

我們現在來練習，面對自己真實體驗與感受的「內在對話」吧。

內在對話就是靜下心來，跳脫主觀意識，和自己展開深刻的對話，這個方式會幫助我們無論是開心或難過，都能夠做出「有意識」的選擇；也就是讓自己在「有意識」的狀態下，跟他人開啟「外在對話」，最後能換位思考。我在前面的章節提到「自動化思考」，那並不是真正的內在自我對話，只是一種習慣性的反應而已，我把它稱之為「慣性內在對話」。

✦慣性內在對話

不久前，我下班回到家時，十六歲的兒子躺在沙發上，沒有正眼看我，只是簡單打了聲招呼。「媽，你回來了喔？」口氣十分隨便而冷漠。

然而，我家的小狗卻搖著尾巴，開心地朝我跑過來。就在這個時候，我的心裡浮現了許多慣性內在對話。

- 就算他在青春期，但用這種態度對待媽媽，也太過分了吧？
- 我又不是出門玩到現在才回家，是「工作」了一整天回來，他和我打招呼的態度未免太差了吧？
- 是不是我教育孩子的方式錯了？
- 他是不是瞧不起自己的媽媽啊？那是什麼態度？

• 好啊！你等著瞧。

一旦腦海中出現了這些聲音，我們的身體肌肉就會變得緊繃，心跳也會跟著加速。在日常生活中，這類想法常常會自動冒出來干擾我們，但是，這種自動化思考無論對我們或對方都毫無幫助，很容易會演變成悲劇性的外在對話。因此，我們在和對方展開對話以前，首先要告別慣性內在對話，進入正向內在對話。

✦透過內在對話改善外在對話

我經常教導學員，所謂的「對話」，並不只是表面溝通的「言語」而已。當你愈深入了解自己的內在，就愈能與他人展開深刻的對話。我們之所以會與他人溝通無效，甚至到最後雙方關係決裂，原因都是因為自動化思考的對話。

以下讓我舉個例子：

一位媽媽買菜完，回家進到玄關時，在門縫看見兒子玩電腦的樣子，她的腦海中浮現了這種想法。

「這小子不寫功課，又在玩電動！」

媽媽於是打開兒子房間的門破口大罵。

「你又給我在玩電動？還不去念書？馬上給我關電腦，沒人在家裡就管不動你了。」

然而，同樣的情況下，如果媽媽這樣想，又會發生什麼事呢？

「兒子坐在電腦前面啊？他在做什麼呢？他寫完功課了嗎？我要來問他。」

媽媽打開兒子房間的門，並且詢問：

「兒子，你坐在電腦前面啊？能不能告訴我，你寫完功課了嗎？」

當內心的想法不同時，與他人展開的對話也會不同。如果能有意識地察覺內在的想法，開啟與他人有品質的對話，就能發展不同的關係。

因此，我們要了解：

1. 內在對話會依照自己如何解釋當下的情況、堅持何種觀點而有所不同。
2. 無意識對別人說的話，會左右彼此的關係。

✦練習對彼此有幫助的「內在對話」

不久前，我在網路上看到一則貼文。國外有一間高人氣的咖啡館，但是觀光客對店員的態度很不好，讓老闆覺得很頭痛。員工的士氣愈來愈低落，甚至想要離職，老闆對此十分苦惱。偶然間，他想到這些觀光客並非常客，頂多只會來光顧一次，於是他把價目表修改如下。

價目表

咖啡——220元

給我一杯咖啡——150元

您好，請給我一杯咖啡——90元

當觀光客看到價目表後，就懂得老闆的用意，改變了在咖啡館內的態度，員工的心情也變好，最終找回了工作的動力。

同樣地，當我們面對孩子時，說話的方式會影響孩子的心情，可能會讓孩子開心幸福，也可能讓他們變得畏縮。因為想法會決定說出口的話，當腦中產生出不同的想法，外在對話的內容也會跟著改變。我們親切說話時，能讓別人變得幸福，我們自己也會喜悅滿足。

跟孩子說話時，媽媽要先靜下心然後再開口，就能避免說錯話讓孩子受傷。最重要的是，媽媽愈用心傾聽內在的對話，孩子也會理解我們想傳遞的訊息，帶來內心的寧靜與喜悅，這就是我們要好好學會並練習內在對話的原因。

接下來，何不一起練習看看？讓我們透過內在對話練習，展開新的生活，也讓孩子的成長可以更健康、幸福。

接納自己的對話練習

我們來練習內在對話吧！每天試著寫下一件事，察覺自己內在的聲音。

狀況一：孩子說他不想去補習班，或不想寫功課的時候，你心裡會怎麼想呢？

1. 請寫下心中自動浮現出的「慣性內在對話」（無益於親子關係的想法）

「你再這樣下去，長大後會一事無成。」

「你連媽媽的話都不聽了嗎？」

「如果你去學校被老師罵，會超丟臉的。」

1.

2.

3.

2. 請寫下心中浮現的「正向內在對話」（有益於親子關係的想法）

「我先聽聽看他不寫作業的理由吧！」

「他上次就這樣了，這次又不寫功課，一定是有其他原因讓他討厭寫吧？」

「原來這種時候，我應該好好跟孩子溝通呀。」

「我該怎麼幫助孩子才好呢？」

1.

2.

3.

你覺得，哪一種「內在對話」（慣性或正向），有利於我們與孩子溝通的「外在對話」呢？

07 維持良好關係的對話法則

我們都知道，積極正面的想法能提升人際關係，也對自己的心理健康有益處。然而，為什麼我們期盼跟親密的人好好相處，卻又經常跟他們發生衝突呢？尤其是面對孩子時，總會遇到各種矛盾與爭執。我們有時會尋求教養書的幫助或是參加工作坊，藉此反省與察覺自己的溝通方式，隔天像是重獲力量般對孩子說：「原來你因為這件事而難過啊，你很想得到媽媽的肯定吧？」然而，過一陣子，孩子又出狀況時，我們卻忍不住說：「我不是叫你小心了嗎？我到底要忍耐你到什麼時候？你給我過來！」好不容易累積的對話習慣，又全都歸零。

在學習對話法則之前，我們應該要先了解什麼呢？

✦為親子關係帳戶儲蓄

面對未來，許多人會未雨綢繆，或多或少存下金錢應對。這些錢一點一滴的累積，直到定存期滿的那天，就能讓人開心提領本金與利息。假如存款有十萬元，即使急需提領一萬元使用，也不至於會心慌，因為餘額還很多，持續存錢就能消除壓力。因此，維持存款餘額是非常重要的，只要保有一定的餘額數字，心情就不會輕易受到影響。把這個道理換到親子關係上，也是相同的，我們需要養成平常存錢到親子關係帳戶的習慣。

五比一對話法則

《哈佛法學院的情緒談判課》（*Beyond Reason: Using Emotions as You Negotiate*），這本書的作者丹尼爾．夏畢洛（Daniel Shapiro）是哈佛大學國際談判計畫的創始人和主任。他提出：「溝通時若能掌握對方的核心觀點，就能讓人際關係良好順暢。」我認為這一點同樣適用於親子關係。

丹尼爾．夏畢洛做過一項實驗：他讓一些人進入特定房間，他們彼此可能是關係密切的家人、或是親密的伴侶，然後指派觀察員一同待在房間。接著，受試者分享最近在關係中發生的衝突，觀察員會照實記錄他們所說的話。這短短幾分鐘的實驗，目的是分析這些對話紀錄，預測他們在未來三年、五年、十年後的關係會變得如何。沒想到，實驗的預測結果準確率高達90％以上：某些人在十年後依舊相處融洽，某些人則是關係破局。

這些差別全都來自於「對話的方法」。

丹尼爾．夏畢洛問受試者：「請大家說說最近經歷的一次衝突。請你們在不與對方打架，或是吵架的情況下說明。」所有的受試者都有起衝突和吵架的經驗，有些伴侶說了一句正面的話肯定對方後，就會接著說一句負面的話來批評攻擊對方，像這樣肯定和批評各半的一比一對話模式，通常最後都以關係破裂收場。然而，也有一些伴侶就算是爭吵，在往後幾年依然能維持良好關係。仔細研究他們採用的對話模式，發現他們並不是肯定批評各半，而是運用了五比一對話法則，也就是五句正面肯定語句當中，只有一句是負面否定語句。

丹尼爾．夏畢洛說明，每個人都有自認非常重要的核心觀點，其中之一是「認同」。因為我們每一個人內心都渴望自己能被肯定、得到他人的認同，五比一對話法則的重點，就是給予對方認同。**肯定認同對方的話，與批評否定對方的話，若能達到五比一的比例，這樣就屬於良好的關係。**

如果能將這個對話法則套用在親子關係上，平常就能和孩子建立好關係存摺。也就是說，我們對孩子說愈多正面肯定的話，就是提前儲值。身為父母，我們難免有表現不成熟、過於急躁的時刻，偶爾無法體諒或認同孩子而大吼或發脾氣。我這麼說並不是要合理化父母的憤怒，而是希望父母明白，自己偶爾會對孩子做出後悔的行動，儲值親子關係是為了容許自己能犯錯而預留的空間。

父母有時無法控制脾氣，在親子對話中失控了，不該懊惱：「學了那麼多溝通技巧，我居然還是說了不應該的話，乾脆就整個放棄吧！」而是理解自己，心裡是想對孩子好，只是事與願違。從現在開始，繼續練習真心認同孩子，更努力拉近與他的關係，為自己信心喊話。當孩子遇到挫折或難過時，父母應該陪伴孩子，傾聽他說的話、提供幫助，這就是在平日為親子關係帳戶儲值的方式。

用五比一對話法則應對青春期

我兒子有一位朋友，大他六歲，算是兒子的哥哥。這個孩子我從小一路看到大，他小時候很貼心、也很會撒嬌，跟媽媽的互動非常自然。孩子跟他慈祥的爸爸很像，個性溫和又很會照顧別人。然而，當他國中二年級進入青春期，表現出叛逆的模樣，讓我不知道該如何是好，我也訝異他的媽媽那時變得無助的模樣。幸好那段叛逆的時光已經過去，孩子現在已經是大學生，和父母的關係保持得非常好。雖然媽媽有時候對孩子會說出比較粗魯的話，好在平常有累積足夠的感情與愛。

那位媽媽和兒子的相處，就是運用了五比一對話法則。當她說出認同兒子的話時，是很直截了當的：「站在你的立場上，也只能這麼做了。」「媽媽現在明白你的意思了。」她不僅用這樣的對話方式溝通，之後還會擁抱孩子，拍拍他的背。特別要留意的是，**父母在說完五句認同肯定孩子的話以後，不要又加上轉折：「但是……」**。

「謝謝你，媽媽了解了。但你這樣也太過分了吧？」

不要用這樣的方式與孩子對話。

「對你來說是件困難的事，謝謝你這樣幫我。」「謝謝你，媽媽我現在知道你的心意了。」父母像這樣點到為止即可。如果我們平常真心認同孩子說的話，那麼即使偶爾因為不經意說出口的話讓孩子受傷難過，他們也能恢復得更快。

✦麥拉賓法則：一致的重要性

眾多的溝通法則之中，有一個叫做「麥拉賓法則」（Albert Mehrabian's 7-38-55 rule）。**麥拉賓法則是一種社交理論，說明光靠溝通的內容（言語），僅有7％的機率能掌握對方的動機，相反的，視覺和聽覺印象更為重要。**

有個孩子從幼稚園回到家，媽媽正在洗碗，她問了媽媽一個問題。

「媽媽，妳愛我嗎？」

母親因為今天要做的事情很多，趕著把碗全部洗完，沒有看著孩子的眼睛，只是回答他。

「我當然愛妳啊，妳趕快去洗手。」

她覺得孩子問了理所當然的問題，也就只是簡單回答。

媽媽回答了愛自己，孩子卻陷入混亂。因為媽媽並沒有看著自己說話，言詞當中帶著一點煩躁感。

因此，孩子又開口問了。

「媽媽，妳愛我嗎？」

母親聽了便想：「怎麼要問兩遍啊？」雖然疑問很快浮現出來，但是她一邊洗碗，一邊嘗試改變自己的語調。

「當然囉～媽媽最愛我們家女兒了。來～趕快去洗手！」

這一次孩子稍微聽懂了。雖然是一樣的話，但母親的話中帶有溫柔的語調。

這句話當中，言詞表達只佔7％的意義，語調和聲音則佔38％，但依舊沒有達到100％。

因此孩子又問了。

「媽媽，妳愛我嗎？」

這次媽媽轉過頭，看著孩子，心想：「這孩子問了第三次，是不是有什麼事？」

母親放下手邊洗的碗，看向孩子給她一個擁抱，然後用眼睛看著她，用身體擁抱她，這樣的表達傳達了55％的意義。

「當然囉！媽媽很愛我們家女兒，妳看媽媽的眼睛，現在知道了嗎？」

麥拉賓法則是指，一個人從另一個人身上接受到的訊息意義，表情、動作、肢體語言等視覺要素（Visual）佔55％，而聲音、語調、口吻等聽覺要素（Voice）佔38％，說話的內容（Verbal）則佔據7％。

如果把麥拉賓法則和五比一對話法則結合在一起，會有什麼結果呢？

媽媽請專注看著孩子的眼睛，用認同的口吻說出一致性的內容。只要重複多說五次，孩子就會把媽媽的努力放在心上。這不會花媽媽太多時間，即使話很簡短也沒關係。當孩子在跟你說話時，把手邊做的事情暫時放下，對著他說：「過來媽媽這邊，媽媽想告訴你，我很愛你。」然後擁抱他，給他一個親吻，這樣就可以了。這樣做不會花超過一分鐘，請各位媽媽在平常日子實際做做看吧！

接納自己的對話練習

想想看，到目前為止，你跟孩子說話的方式，哪些是有效、哪些是無效？父母與孩子溝通時，最重要的是語言、聲音、肢體一致，以積極正面的態度認同孩子，並且經常表達出來。父母與其說：「這樣很好。」「這樣不好。」倒不如思考：「我現在說的話，對孩子和我有幫助嗎？如果沒有幫助，那以後我要怎麼做才能改善親子關係呢？」

✧ 看著孩子的眼睛，擁抱他並用溫暖的語氣說：「我愛你。」
你每天都有做到嗎？一週內做到了幾次呢？

星期一	星期二	星期三	星期四	星期五	星期六	星期日

✧經常對孩子說正面肯定的話，表達對他的認同。例如：「媽媽理解你的想法。」「媽媽好像知道你的意思了。」「站在你的立場上，媽媽也會那麼想。」你每天都有做到嗎？一週內做到了幾次呢？

星期一	星期二	星期三	星期四	星期五	星期六	星期日

08 內在對話練習1：從觀察與聆聽開始

某天，孩子從幼兒園回到家。

他對媽媽說：「媽媽，今天我們的點心是橘子。老師發橘子給同學，但沒有發給我跟在錫，我想吃橘子，妳有橘子嗎？」

媽媽聽完馬上問：「為什麼沒給你呢？」孩子說：「嗯，因為橘子只有五個，我們班上有七個人。」媽媽心情一沉，說：「為什麼啊！老師真偏心。」

另一個孩子從幼兒園回到家。

他對媽媽說：「媽媽，今天點心是橘子，老師先給我，可是有兩個同學沒拿到。」

聽完後，媽媽馬上問：「為什麼其他兩個同學沒有拿到？」

孩子說：「嗯，因為橘子不夠。」

聽完後，媽媽開心笑說：「哇～老師很疼我們家寶貝耶！」

不知道從什麼時候開始，我們經常只看眼前的表象，沒有深入了解就急著下結論，還認為自己的看法就是事實，並大肆跟別人討論。然而，**有益的內在對話能讓我們更靠近事實。我們應該只談論自己眼睛看到、耳朵聽見的，客觀地來理解與陳述；也就是說，我們需要培養「觀察力」**。

上述例子中，第一位媽媽認為老師偏心，其實那只是她個人的想法，事實僅是「媽媽聽到橘子只有五個，老師沒發橘子給她的孩子」。而另外一個例子中，媽媽認為老師疼愛自己的孩子，同樣也只是她個人的想法，事實可能是「老師從她的孩子開始發橘子，然後再給其他五個人，最後有兩個人沒拿到。」

✦為什麼我們擅長判斷，拙於觀察？

我們在「觀察」的同時，往往也不自覺地「下判斷」。然而，觀察的部分常常會隨時間淡去，留下的卻是判斷，而且這些判斷會像真相一樣被大腦記住。這是因為人類在進化的過程中，為了生存，發展出一種本能：必須迅速判斷自己所處的環境是否安全，從而立即做出反應。但是，在這樣的情境下，我們不會經過充分思考，又缺乏理性評估，而是按照自己的情緒下判斷。這種主觀判斷會如何影響我們與他人之間的關係呢？

我們會對「對自己有幫助的人」做出正面評價，對「對自己沒有幫助的人」則迅速貼上負面標籤。於是，腦中就出現了「好人」與「壞人」的區分。一旦某人被歸為「壞人」，我們往往只看得到他不好的一面，再怎麼看，都只會看到他令人討厭的地方。

✦評價所帶來的「標籤」，以及擺脫「負面偏誤」

當我們對某人做出評價（無論是正面、或負面的），這個評價就像是給他貼上一張「標籤」。當我們在他人身上貼標籤後，就會找證據證明：「你看吧！我說的沒錯吧！」這種找出證據、進行確認的心理傾向，就是所謂的「負面偏誤」（negative bias）。我們一旦對人有了負面印象，那麼他的缺點與問題就會變得格外明顯，甚至讓我們以為那就是全部的事實。後面我會更詳細討論這類的偏見。

上述例子中，第一位媽媽只看到幼兒園老師偏心；第二位媽媽只看見幼兒園老師偏愛自己孩子，也許她會因此認定老師是好人。這就像是我們只要討厭一個人，就會對他沒有好感，之後對他的一言一行都會看不順眼。

如果把上述的情況，換成我們與孩子的相處呢？

當媽媽認為自己的孩子「又懶又笨」，那麼，只要孩子躺在沙發上，媽媽就會開始想：「你看吧！又躺在那裡發懶了。」只要這樣的想法出現，自己的孩子無論做什麼，都容易被視作為懶惰的人。

拿自己的尺去衡量別人，並加以判斷，認定那就是事實，這樣無法讓我們好好溝通，也無法與對方感同身受，雙方的心會愈來愈遙遠。

因此，我們跟心愛的孩子溝通時，請暫時放下自動化思考和主觀判斷，回想自己看見的、聽見的「事實」，並用客觀的方式溝通。成功的內在對話，就從培養觀察力開始。

✦找回自己的觀察力

「我家孩子整天都在滑手機。」

⇩我看見的事實是：昨天孩子坐在沙發上滑了兩小時的手機。

我們都能夠如實陳述自己眼睛看到、耳朵聽見的事件，在小時候，我們都非常細心觀察周邊的人事物。但是，隨著長大成人，我們卻逐漸喪失觀察的能力，必須透過一些訓練才能找回來。

找回觀察力，並不是說我們不需要做出判斷和評價。我們要學會去區分自己說的話，是出自於主觀的判斷，還是客觀的觀察。要盡可能減少對他人貼標籤和主觀評價，不要把自己腦海中的想法當成是事實，才不會說出：「我家小孩真的超懶！」

這種話。

當我們學會區分主觀的判斷和客觀的觀察之後，就可能會說：「我看到我家孩子的書、襪子、穿過的衣服都丟在床上，而且他已經三天沒洗臉刷牙就睡覺了，因此產生孩子真是懶惰的念頭。」

接納自己的對話練習

請改變自己的主觀判斷，按照實際看見的、聽到的來客觀表達。

例子：我家小孩太活潑都停不下來。

事實：學校運動會結束後，孩子回到家說：「一點都不累。」下午還去游泳。

✧我家小孩是問題兒童。

事實：

✧ 我家小孩太軟弱容易被人欺負。

事實：

✧ 我家小孩很霸道不懂得禮讓。

事實：

✧ 我家小孩很會替別人著想。

事實：

✧ 我家小孩很懶惰。

事實：

✧ 我家小孩天生就有領導力。

事實：

09 內在對話練習2：察覺內心的真實感受

想法⇩衝動行事⇩情緒感受

「孩子一整天都在滑手機。」（**想法**）

看見孩子在滑手機，我忍不住想過去把他的手機收走。（**衝動行事**）

我超生氣的。（**情緒感受**）

我下班回家時，看到兒子躺在沙發上，沒有正眼看我，只是簡單打個招呼，我心裡頓時會冒出：「這小子長大能有出息嗎？」「真不懂得體諒媽媽的辛勞！」一旦認定這種想法是事實，我就會大吼大叫，把兒子從沙發上拉下來。這種自動化想法，很容易會帶來「不高興、生氣」的情緒感受，進而讓自己衝動行事。

想法⇩觀察⇩情緒感受

「我常常覺得孩子一整天都在滑手機，我看見他昨天坐在沙發上，滑了兩個小時的手機。」

⇩看著我家孩子坐在沙發上連續滑兩個小時的手機，我的感受其說是生氣，不如說是心裡很焦躁擔憂。

此時，如果媽媽能察覺自己的想法，重新觀察眼前的情景，那麼會有什麼樣的改變？「原來我現在想著兒子長大會不會有出息，他不了解我的辛勞，真無情又不懂事……等一下，我到底看見了什麼？我兒子躺在沙發上，沒正眼看我，只說了一句：『媽妳回來了喔？』我只有聽見這句話。但我感受到了什麼？老實說，我覺得很失望與無力。啊！這就是我的心情寫照啊。」

✦持續觀察，發掘更細膩的感受

有趣的是，我們無論是在思考，還是在觀察，情緒總會隨之而來。這些情緒可能相同，也可能不一樣。人若完全沒有情緒，那幾乎就跟死了一樣，畢竟，人，本質上就是會不斷思考。

我們總是在思考，而這些思考無法停下來。這些思考常常會以判斷和評價的形式表現出來。因此，我們的目標並不是放棄判斷和評價，而是要盡力去練習觀察，努力地區分自己的想法究竟是屬於主觀判斷，還是屬於客觀觀察。在這樣的練習過程中，我們就能發現更多細膩且真實的情緒，也會帶給我們內心一點點的空間與餘裕。

✦隱藏在情緒背後的真實含義

大家都不想要有負面情緒，總是逃避那些負面的感受，包括悲傷、憤怒、害怕、不安、抱歉或羞恥等等，就像本章一開頭舉例的媽媽，她感受了難以承受的情緒。

然而，這些情緒是無法躲避的，我們需要學會勇敢接受它。只要我們還活著，我們就會思考，而那些思考會產生情緒。為什麼我們會認為那些情緒是「負面」呢？如果把這些情緒視為「負面」（貼標籤），就沒有人願意接受。

如果感受到「悲傷、害怕、恐懼、憤怒、不安、羞愧、丟臉」這類情緒時，我們通常會下意識地想辦法讓那些情緒消失，或者會覺得：這些情緒不該存在，應該要被消除。

我曾在很久以前罹患恐慌症。那段時間，我每天都在對抗「不安」和「恐懼」這些情緒，因為我不想承認它們的存在。我給這些情緒貼上「負面情緒」的標籤，認為它們是我人生中絕對不允許出現的東西。但後來我發現，這麼想不但無法讓那些情緒消失，對於療癒自我更沒有任何幫助。

其實，情緒沒有所謂的負面或正面，而是人生中重要的晴雨計。它會反映我們對生活是否滿足，感受到的是幸福還是不幸，這些感受都只是提醒的角色而已。

當媽媽哄小孩睡覺，一抱著他、孩子就呼呼大睡的模樣，會讓媽媽感到平靜、喜悅與幸福；不過，如果哄睡時又抱又揹，花了兩個多小時，孩子還是哭鬧不睡，媽媽就會煩躁、疲憊與虛脫。

觀察情緒的起伏變化，可以讓我們察覺當下有哪些重要的需求被滿足，哪些需求被擱置，這就是情緒要傳達給你的訊息，希望你能牢牢記住。

接納自己的對話練習

請參考〈附錄二〉關於感受的形容詞，試著寫下你在不同狀況中的情緒感受。

例子：搭捷運的時候，有個人突然推擠我，搶上前坐了車廂內的最後一個空位，我只能一路連續十三站都站著，

感受：委屈、煩躁。

✧在超市買東西，突然發現身邊的孩子不見了，我找了十分鐘才找到他。

感受：＿＿＿＿＿＿＿＿

✧老大和老二在房間玩玩具，老大推倒兩個人一起疊好的樂高，還打了老二的頭。

感受：

✧娘家媽媽拿了幾千元給我，叫我出門找朋友聚會，她願意幫我顧孩子。

感受：

✧先生說晚上公司有聚餐，但直到凌晨三點都還沒回家，也沒有接電話。

感受：

✧孩子的學校老師打電話來，說孩子個性很親切，和同學相處融洽，實在是好榜樣。

感受：

10 內在對話練習3：探索情緒背後的原因

「我家小孩整天都在滑手機，我看見他昨天坐在沙發上滑了兩小時的手機。」

⇩看著我家小孩坐在沙發上滑兩個小時的手機，我的感受其說是生氣，不如說是心裡很焦躁擔憂。

⇩我為什麼會有這樣的感受？因為我希望孩子作息規律，這樣我也才能放心，並好好休息。

我們必須仔細聆聽情緒要傳達的訊息，因為它提醒了我們生活中的需求是否獲得滿足，並讓我們找到情緒背後的原因。想法會帶來情緒，當大腦出現一些沒有幫助的想法，我們就容易衝動，會責怪對方或和對方發生衝突。

但我們已經了解，自動化想法會產生情緒感受，也就能明白當下憤怒的真實原因——為什麼自己會出現攻擊性。透過觀察，我們探索心中最真實的感受，最終體會到，自己並不是單純的憤怒，而是擔心和焦慮。透過靜下心後的覺察，我們發現：**自己不是因為對方才憤怒，而是不了解自己正處於擔心和焦慮，卻誤用了憤怒來表達。**

✦如何察覺情緒背後的真實原因？

如果情緒是一種晴雨計，可以讓我們得知自己內心想要的事物是否獲得滿足，那麼所謂「想要的事物」又是什麼呢？

我們一般會稱這些為「渴望」、「欲望」、「需求」等等，在本書中為了方便說明，我都稱作「需求」（請參考〈附錄一〉）。我們會有情緒，主要是因為內心的某種需求。前面提到，哄孩子睡覺時，孩子若能在媽媽的懷抱中睡著，媽媽就會感覺平靜、喜悅與幸福，因為滿足了想要休息、擁有個人時間、獲得自由等需求。但如果哄孩子超過兩小時，他都不肯睡覺，媽媽就會覺得疲憊虛脫，因為內心想要休息睡覺和希望孩子健康的需求沒有得到滿足。

需求不被察覺時的痛苦

我們經常忽略情緒帶來的訊息，因此無法了解情緒的根源。這會導致兩種傾向：一、認為問題都在自己身上，所以壓抑情緒、調整自己的行動去迎合別人；二、認為問題出在別人身上，因此責備對方，或強迫對方調整改變來配合自己。接續上述的例子，當媽媽將自己的憤怒歸咎於孩子，她大概會衝向孩子，大吼大叫搶過孩子的手機，或要求孩子馬上關手機。然而，如果媽媽能察覺情緒背後的原因，是自己的需求沒有被滿足，情況就可能轉變，親子關係也能獲得巨大的改善。

✦與其問「誰的錯？」不如問「是什麼原因？」

如果媽媽能夠察覺到自己焦慮與擔心的情緒，其實是來自內在的需求沒有被滿足，例如希望孩子可以過著有規律的生活、並透過各種體驗來學習，那麼就可以在不責怪孩子的情況下，重新找回表達自己需求的能力。

來看看兩種不同的說法：

⇩「都是因為你，害我一刻都不能休息，整天心煩。你看你一整天都在做什麼？馬上給我關機！」

⇩「我很擔心，也覺得煩躁。媽媽希望你在家也能嘗試做各種不同的事，學會好好安排自己的時間。」

上述的哪一句話，孩子比較容易聽進去呢？如果我們問孩子：「你覺得媽媽這樣說，是什麼意思呢？」你就能明白的。

如果是第一句話，孩子往往會回答：「媽媽生氣了」、「媽媽很不耐煩」、「媽媽在威脅我」。然而，如果換成第二句話，孩子會回答說：「媽媽很擔心我」、「媽媽希望我多做些不同的事」、「媽媽想教我安排時間」。

你希望孩子記住哪一種呢？

如果我們在說話之前，先思考一下自己真正希望對方能了解什麼，就會發現我們都希望對方了解我們內心真正想要的。換句話說，我們都希望對方能了解我們的「需求」。

表達「需求」能創造關係的奇蹟

我列了一份「需求清單」（請參考〈附錄一〉），如同這份表格顯示的，每個人的生活充滿著各種不同的需求。為了滿足在不同情況下會出現的不同需求，我們努力與他人對話、提出請求，也會做出具體行動。

比如，如果媽媽想要擁有一點屬於自己的時間，她可能會選擇抱著孩子哄他早點睡著；或是打電話給娘家媽媽，請她幫忙照顧孩子。

就像這樣，每個人在不同的情況下都有不同的需求。但是，靜下心來仔細觀察，我們會發現：「需求」這個詞，是所有人共通的、最關鍵的核心。換句話說，只要大家能坦率表達出自己的需求，就可能取得對方的理解，讓對方感同身受。當然，在某些情況下，自己的需求確實不容易被滿足；在某些人際關係中，也不容易開口表達自己的需求。

舉例來說，一位媳婦對婆婆說：「媽，我需要一點休息的時間。」或者，在職場上，員工對主管說：「我認為工作時的自主性與受到尊重很重要。」這些話並不容易說出口。

因為「休息」對婆婆來說也很重要；而對主管來說，「自主性和受尊重」也是他的主要需求。但身處在這些權力落差的關係中，我們很難輕鬆說出自己的需求，也無法得知對方會怎麼解讀我們說的話，甚至不太敢信任對方的反應。

在對話中，需要練習如實地說出彼此的需求，並且不被誤解為抱怨或攻擊。我們要能學習不帶偏見地聆聽對方的需求。

因此，我常常建議大家挑選練習對象時，與其找地位比自己高的人，勉強從讓人壓力大的對象開始練習，倒不如找比自己地位低、可以自在說話的對象，也就是跟心愛的孩子練習溝通[2]。透過與孩子的對話練習，學習傾聽孩子的需求，試著把它當作是「喔，這是我的孩子期盼的事」，而不是以為「這是我非做不可的義務」，那麼，我們的心就不會那樣緊繃。

當孩子成大成人後，他們也比較不容易一味地怪罪別人，或陷入自我批評，而能夠以健康的方式來表達與溝通自己的需求。

如果孩子對你說：「媽媽，我覺得自由對我來說很重要，自主性也很重要。」相信我們之中沒有任何一位會回應說：「哪有什麼重要的？自由和自主性在人生中根本沒什麼好在意的。」

我們一定會說：「對啊！我也是這樣想，自由和自主性很重要！」當我們談論「需求」本身，大家都有共識，就能夠互相理解。我們可能會因為想法不同而產生爭執，但需求本身其實是能被理解的，因為需求無法被挑剔，也很難被誤解。

2 譯註：韓國深受儒家思想影響，面對長輩、平輩、晚輩的說話方式皆不同，對長輩需要說「敬語」，對晚輩可以說「半語」。因為對長輩說話時，需要時時注意自己的用詞，以免不小心得罪長輩，因此韓國人普遍認為和長輩說話時，心裡不自在。

若我們對生活中發生的事不以為意，就不容易心存感激；
但若願意對每一件小事都更敏銳、細膩地去感受，
你會發現，原來生活中的一切都像奇蹟一樣值得感謝。

表達需求之所以能帶來奇蹟，是因為即使一個人的需求無法立刻滿足，只要那份需求能被理解、被看見，人就能感到安慰。舉例來說，當自己過得不如意時，只要朋友說一句：「你看起來好像很累，需要好好聊聊（需求）嗎？」光是聽到別人這麼說，心情就變得舒坦，因為這一刻我們表達出個人的需求，也得到他人的理解，這就是關係中的奇蹟。

接納自己的對話練習

在〈附錄一〉中，列出了各種不同的需求。請用以下面的例子，試著想想看：有哪些需求被滿足了？哪些沒有？

例子：「我好難過，媽媽都不知道我有多努力，還叫我要再認真一點，每次聽到這種話，都很想掀桌子。」

屬於未被滿足的需求：認同、感謝、理解

✧「我真的好委屈，朋友在找不見的文具，明明不是我拿的，他還是一再叫我交出來。」

屬於＿＿＿＿的需求：＿＿＿＿＿＿＿＿

◇「我超生氣，忙著工作連午餐都還沒吃，只是喝杯咖啡而已，課長就走過來問我是不是很閒。」

屬於＿＿＿＿的需求：＿＿＿＿

◇「我覺得好幸福，今天娘家媽媽跟我說生日快樂，還送我一條漂亮的項鍊，說辛苦我了，謝謝我生下可愛的孩子。」

屬於＿＿＿＿的需求：＿＿＿＿

◇「我好開心，今天幼兒園老師說我家孩子很熱心幫助同學，也總是笑咪咪的，真是個討人喜歡的孩子。」

屬於＿＿＿＿的需求：＿＿＿＿

◇回想一下自己今天經歷的事——有哪些時刻讓你感到需求被

滿足？又有哪些情境讓你感覺失落、焦躁？背後有哪些沒被照顧到的需求呢？

11 內在對話練習4：說出內心真正的需求

去年我在Mom's Radio頻道中，邀請聽眾一起來對談。

這幾次活動是由媽媽來分享自己平日和孩子溝通的方法。邀請的人數不多，通常只會有媽媽來參加。有一天的主題是討論「如何對孩子提出請求」，參加活動的媽媽帶了五歲多的兒子來，大家現場輪流自我介紹，圍坐成一圈，男孩就在我們中間跑來跑去，並開始吵鬧。

「你再這樣，我就不買變形卡車給你了。你不是答應會乖乖坐著嗎？」媽媽小聲地跟兒子說。結果兒子反而跟媽媽大聲說出：「為什麼？妳不是說，只要跟妳過來，妳就會買給我嗎？」

這時，我看著孩子，對他提出一個請求：

「可以看一下老師這邊嗎？我需要你的幫忙（表達我的需求），其他媽媽正在自我介紹，你能不能幫個忙，在這段時間安靜地等一下呢？（清楚描述期望的行為）」

孩子立刻回答：「好。」接著他真的一直安靜地等到介紹結束。那天的課，其實光是這個片段就已經足夠。

請求＝需求＋想要對方做到的事

當媽媽對孩子說：「我想休息一下。」（**媽媽的需求：休息**）

此時，她只是說出了自己的需求，孩子也理解了媽媽想要什麼。於是孩子說：「好，我知道了，媽媽去休息吧！」然後，自己就穿起鞋子。

媽媽問：「你現在要做什麼？」

孩子說：「媽媽不是說要休息嗎？」

媽媽說：「嗯，所以呢？」

孩子說：「我們出門吧！出去玩不就是休息嗎？」

孩子雖然理解了媽媽想要什麼，卻不知道要怎麼做才能滿足媽媽的需求。如果媽媽所期待的休息，是能夠一個人好好小睡片刻，那麼媽媽應該怎麼跟孩子說呢？

「媽媽想睡個三十分鐘，因為我現在真的需要休息。這一小段時間，你可以看電視等媽媽嗎？看電視的時候不要來打擾媽媽，好不好？」

✦請求的對象

其實，請求不一定只能對別人說，也可以對自己說。請求，並不是只是在等待別人為我們做些什麼，也可以是我們願意為自己做點什麼。

過去的我，一直渴望得到父母的關愛，因此我曾經埋怨不愛我的父母，也埋怨我的孩子拒絕我。然而，現在的我為了好好愛自己，每天都會擁抱自己、拍拍自己的手臂，說一句：「辛苦了，妳真的做得很好。」這些小小的舉動，是為了回應我內心被愛的需求；我從中發現，不是只有別人能給我愛，只要我自己願意這樣做，也能感到安慰與放鬆。

接納自己的對話練習

試著練習向自己或向他人提出請求

請求=需求+想要對方做到的事

例子：媽媽需要孩子幫忙時

媽媽需要你的幫忙**（需求）**。我在準備晚餐的時候，你可不可以按照家裡人數，把筷子和湯匙擺在餐桌上呢？還有，吃完飯後，將用過的盤子和餐具放進水槽，可以嗎？**（行動）**

✧ 希望被人理解。（請求對象：朋友或先生）

✧ 希望自己的生活能過得更快樂。（請求對象：自己）

✧ 想請人一起幫忙（請求對象：家人）

Part 2

理解與同理
我們的孩子

01

明確回應孩子的要求

不要說：「以後再說。」

當父母因為不想負責或覺得麻煩而敷衍孩子，會讓孩子留下困惑與不信任。唯有孩子的內心充滿信任時，他們未來才能成為值得信賴的大人。

小時候，因為父母離異，我和爸爸住在一起，偶爾才能見到媽媽。每次與媽媽要分開時，我就會問她：「媽媽，妳下次什麼時候會來看我？」媽媽總是輕輕地回答：「嗯，我以後再來。」當時的我，只能看著媽媽的車子愈來愈遠，內心充滿了不安與失落。「以後」這個詞，對我而言，成了無法確定的承諾，甚至帶有創傷。因此，當我成為母親後，我幾乎從不對孩子說「以後再說」。

在超市裡，我經常看到孩子吵著跟媽媽說：「媽媽，買這個給我！」或「我想要這個！」多數的媽媽會拉著他們的小手離開，告訴孩子：「以後再買！」每當聽到這句話，我總會不自覺地停下腳步，仔細觀察孩子與母親的互動。孩子聽到這句話時，臉上往往沒有快樂，更多的是失望。有些孩子會放棄，安靜地跟著媽媽走，有些孩子則會追問：「那以後是什麼時候？」但媽媽往往不會有清楚的回應，有時假裝沒聽見，繼續忙著挑選其他物品；有時則會提高音量，不耐煩地說：「等一下再說！媽媽現在很忙！」然後匆匆離開。

✦信任，比信用更重要

有的人很遵守約定。連小小的約定都不忘記的人，會讓人產生尊敬和信賴；當他們持續遵守著這樣的行為，我們就會說他們「有信用」。信用，來自於雙方恪守承諾的積累，尤其是在商業關係中，它是一種「有條件的信任」。

然而，父母與孩子的關係，並不是「信用」的關係，而是「信任」的關係。在養育孩子的過程中，我們一定要信任他們。雖然孩子有時候會欺騙我們、會說謊，讓我們擔心、憤怒、失望，但即便如此，父母仍然會選擇原諒，即使心痛也會原諒，因為愛而相信對方。當孩子流著眼淚說：「媽媽，對不起。」原有的憤怒也會在那一瞬間軟化，我們只想緊緊地抱住孩子。

這份「無條件的信任」，是父母給孩子最珍貴的禮物，也是一種成熟的愛。因為我們的孩子會透過這樣的信任，去學習愛的模樣。當他們長大成為父母，也會將這份無條件的愛，傳遞給自己的孩子。

在孩子成長的過程中，我們需要用不同的方式來陪伴與同理他們的感受。因為孩子是透過父母的言行來學習「信任」，無論是對父母還是他人的信任。因此，父母的身教格外重要。父母先以言行建立這種信任，就要讓孩子建立安全感。

在嬰幼兒認知發展心理學中，有一個概念叫「**物體恆存性**」（Object Permanence），意思是即使某個物體不在眼前，我們仍然知道它是存在的。例如，我們知道孩子剛剛還在客廳，現在進了房間，雖然沒有親眼看見他的身影，仍然知道他就在裡面。然而，兩歲以下的嬰幼兒還沒有這個概念。當媽媽從視線中消失，孩子就會認為媽媽不見了，嘴巴會開始顫抖，眼淚在眼眶裡打轉，準備哭泣；但當媽媽重新出現在眼前，孩子便立刻破涕為笑，露出安心的神情。隨著孩子慢慢長大，他們開始學會，即使媽媽暫時不在眼前，也不會馬上哭泣，而是會先東張西望尋找媽媽的身影；再大一點，他們甚至能夠自己玩耍，直到媽媽回來時，再開心地迎接她。這是因為他們已經理解，即使媽媽暫時離開，她還是會回來的。即使不是媽媽，這個年齡階段的孩子若能夠擁有穩定、可預測的照顧者，他們就能建立「物體恆存性」，並從中獲得安全感與信任感。

✦不明確的話語，其實是逃避責任

孩子都相信並期待媽媽、爸爸的話，因為父母就是自己的全世界。即使偶爾覺得等待太漫長而難過或生氣，但當孩子知道何時會結束，和完全沒有頭緒時的感受是截然不同的。

許多職業媽媽出門上班時，會因為孩子問起「媽媽，妳什麼時候回來？」而有過不少次心痛。但如果每天規律地出門工作，孩子也會馬上適應。但對於那些平時幾乎與媽媽形影不離的孩子來說，當媽媽突然「拋下」自己離開，他們會感到極大的不安。這時，很多媽媽會習慣性地說：「媽媽很快就回來。」或「等一下就好。」但對孩子來說，「很快」到底是多久？「等一下」又是多久？所以等到媽媽認為的「等一下」過去，媽媽回來了，孩子卻出現哭鬧與生氣，還會說「妳不是說很快就回來嗎？媽媽真討厭！」

當孩子請求某件事時，許多父母會給出模糊的回答。在各種情況下，父母隨口說出「以後再說」，或許是因為不想要為自己的話負責？我們有必要釐清，是不是因為對孩子說出明確的話，擔心無法做到，才想要迴避呢？成為父母，本來就伴隨著責任，父母自己也會從中得到成長。這段過程即便辛苦，仍然需要付出努力。

✦用具體的說明讓孩子學會信任

如果希望孩子信任媽媽，我們應該怎麼說話呢？

舉個例子，當孩子在超市裡吵著想買玩具時，與其用「以後再說」敷衍過去，倒不如花點時間跟孩子具體說明更好。首先，**父母需要先決定，是要答應還是拒絕孩子的請求**。如果心裡其實是「想答應」，但現實狀況無法馬上滿足，那麼我們應該**先誠實地對孩子說「不行」，並且清楚說明理由**。每位媽媽都希望能滿足孩子的願望，但孩子會透過父母的言行來學習「信任」與「信用」。因此，與其含糊地說「以後再說」，不如明確告訴孩子「一個月後，等你生日的時候」或「聖誕節時」，並且一定要遵守這個約定。

出社會後，許多人常會說「找時間再約！」這樣的話。但多數時候，無論從對方口中聽到或是自己說出來，其實都心知肚明，這個約定可能不會真的發生，甚至會覺得「這次見面應該就是最後一次了」。

但是，某些人卻會直接拿出行事曆，當場約定下次見面的日子。對這樣的人來說，這句話不是隨便說說而已。對孩子也是一樣，**當我們對孩子說「可以」時，應該清楚地說出「什麼時候」，如果這個「可以」有附加條件，也應該一併說明。**例如：孩子如果買要那樣東西，需要存下一定的零用錢，這些都要明白地告訴孩子。不要隨口說出「以後再說」來拒絕敷衍，用一致且值得信賴的語言來溝通，這樣的方式更加有效。

如果孩子在超市裡吵著要買玩具，
與其隨口說出「以後再說」，
倒不如花多一點時間跟孩子具體說明會更好。

同感孩子的對話練習

當孩子一直鬧脾氣或提出要求時，請你先想好是否要答應孩子的要求（「Yes」或「No」），接著向孩子具體說明理由。

✧ 別跟孩子說：「以後再買給你。」

✓「下個月生日時」或「聖誕節時」。

✧ 當孩子問：「媽媽什麼時候回來？」

✓「當時鐘的長針指到2和3之間時，媽媽就會回來。
如果會晚一點，我一定先打電話給你。」

02 教導孩子區分自己與他人的物品

不要說：「我要叫警察來抓你喔！」

我們不應該羞辱或恐嚇孩子，
而是提供孩子思考的機會，讓他得以健康成長。

某天我和孩子一起到超市買完菜、搭上車後，孩子突然拿起手上的糖果吃。

我不記得自己付過糖果錢，就問孩子是不是自己偷拿回來的，他急著說這個糖果是他從地上撿來的。我繼續追問，他還是哭著說自己只是撿地上的，不是偷拿的。即使他想用哭來蒙混，但我已經咬定了他在說謊，便對他說：「你再不說實話，我就叫警察來抓你！」

雖然我希望自己在任何情況下，都能保持理性來教育孩子，但這種時候還真的不知該如何是好。

幼兒期的孩子很難站在他人的角度來看待事物，也無法理解他人的想法。他們認為自己是世界的中心，物品沒有區分你的我的，有時候甚至會說：「你拿給宰蓮。」而不是說：「你拿給我。」因為幼兒的思考能力有限，導致他們無法區分出哪些東西是別人販賣的、哪些東西是可以拿的。孩子有時本能知道某些物品似乎是不能拿的，他們會用眼神來觀察四周；有時孩子也會受不了誘惑，直接把東西帶走，因為他們無法像大人一樣思考，無法預測這麼做會帶來什麼後果。

孩子因而容易在自己沒有察覺的情況下偷竊。如果媽媽這時候跳出來以大人的判斷能力來教訓孩子，多數的孩子都會感到恐懼而不知不覺說謊。

✦孩子未經同意拿走別人的東西，該怎麼辦？

如果是可以立即解決的情況，媽媽只要教導孩子該如何正確應對，並示範給他看就可以了，但當下如果媽媽大發雷霆、過度焦躁，孩子就容易感到驚嚇或無助。因為大人嚴厲的訓斥或大驚小怪，會讓孩子出於本能，用說謊來隱瞞真相。

遇到問題時，解決的方法其實很簡單。

第一，請告訴孩子說：「這個不是你的，也不是我的，他有自己的主人。」雖然孩子還是會哭，但孩子如果把東西還回去，就不會被媽媽懲罰，如此既能正確保護彼此的東西，也能教導孩子把東西歸還物主，這是最重要的。

第二，媽媽要時常聚焦在正確觀念，並以行動示範給孩子看。

像棒棒糖這種價格不高的小東西，如果孩子已經走出超市，也上車了，媽媽就可以思考一下該如何處理。雖然告訴孩子這樣不對，也狠狠教訓他一頓，但真要跑回去一趟又覺得好麻煩。這種時候，大人心中都會不知不覺猶豫起來。如果孩子拿走了別人的東西，**媽媽首先要先在心裡做出選擇，打算要「方便了事」，還是要「正**

確處理」。

兒子小時候，我常常帶他去親子咖啡廳，因為那裡離兒子上的才藝班很近。某天兒子在親子咖啡廳玩得盡興，直到回家的路上，我發現他手上握著一個東西，仔細一看是樂高人偶。他原本扭扭捏捏的不想打開手掌給我看，當下我馬上聯想到：他是從親子咖啡廳帶回來的！我心想：「天啊，這孩子竟然偷了東西。」

我問他是在哪裡拿的，他回答是撿來的。我邊走邊生氣說：「又不是你的東西，你怎麼可以拿走？」我逼他趕緊招供，兒子這才說自己從親子咖啡廳的地上撿來的。

那瞬間我突然猶豫起來，心想：「這麼小的東西，要拿回去還給人家嗎？還是很多小孩都會把玩具帶回家？」最後我下定決心，再麻煩也要回去一趟，於是帶兒子回到了親子咖啡廳。我跟店長說：「這是我兒子在店裡撿到的，」當著店長的面教訓兒子一頓。說完我才安了心，想著他大概不會再犯。然而，雖然教育小孩偷拿東西一定要還回去，這件事本身沒錯，但回家的路上我對兒子大發雷霆，一路上罵他是小偷，讓他既沒面子，又恐懼不已。直到現在我都非常後悔，認為當初不該那樣教育孩子。

孩子犯錯時，有時候可以馬上解決，有時候卻沒辦法。**不論如何，教育孩子都不應該過於嚴厲，或把他犯的錯，說成是不可饒恕的大罪。**

如果孩子拿走別人的東西，媽媽一定會很慌張，還會想著：「我的孩子怎麼會這樣？現在我該怎麼辦？」當下失去正確的判斷能力。

如果孩子拿走別人的東西，請媽媽務必看著孩子的眼睛，平心靜氣的問話，哪怕孩子說：「這是我從室內遊戲區撿回來的」、「這個好像是人家丟掉的，我把他撿回來而已。」無論如何，請各位媽媽一定要告訴孩子，拿別人的東西需要取得別人的同意，那個東西對別人來說，可能是很重要的東西。如果是大家一起玩的東西，等孩子玩完之後，要教他一定要放回去。無論如何，**大家要記住，父母要做的事是「用正確的方式告訴孩子」。因為孩子不知道不可以拿別人的東西，才會在未經他人同意的情況下拿走。父母不要用成人的標準判斷孩子的行為，而是要給孩子機會教育，教導他們「物有所主」的觀念。**

✦孩子明知故犯，碰別人的東西？

如果孩子已經上國小高年級，還會偷拿別人的東西，父母就有必要了解他心裡的想法，是不是藉此要吸引別人的注意。因為這年紀的孩子已經可以辨別：偷拿別人的東西在法律倫理上是很大的問題；這種情況跟孩子處於幼兒期，純粹因為想要，未經同意就拿走棒棒糖來吃是不同的。我不是在合理化幼兒可以偷拿棒棒糖吃，但我們有必要理解幼兒的思考能力確實不及大人。

請父母想想孩子是否渴望受到重視，是否需要大人的關愛與照顧？他們可能很膽怯、沒有安全感、非常擔心與害怕，才會偷拿別人的東西。我不是要父母容忍他們不正確的行為，而是希望父母想想，孩子的行為是否有其他的動機或意圖？如果父母想引導孩子正確的方向，那麼當孩子做出某件事時，應該試著感同身受他會這麼做的原因，這是相當重要的事。

同感孩子的對話練習

孩子偷拿別人的東西時，請好好跟孩子一同了解情況。

✧ 如果孩子從外面帶東西回家，先問他是在哪裡拿的，哪怕孩子說謊也請先聽他說完。

✓「這個東西應該不是媽媽買給你的啊？這是哪來的，你能告訴我嗎？」

✧ 媽媽要先和孩子站在同一邊，再告訴他這種行為是不對的，請和孩子一起解決問題。

✓「原來你想要這個，這也很合理。但你偷偷帶回家的話，別人會很傷心，尤其是東西的主人喔！」

✓「你和媽媽現在一起去跟人家道歉，把東西還給主人，我們再一起回來吧！」

✧請再一次告訴孩子，這是不正確的行為，同時教導他不能再犯。要教導孩子，看到東西就算再怎麼想要，還是要忍住不能拿。

✓「你一定要記住媽媽的話，不是自己的東西，就要先問過東西的主人，得到人家的同意之後才能摸，知道嗎？」

03

告訴孩子誠實的重要
不要說：「你又在說謊嗎？」

我們會因為各種理由說謊，孩子在成長過程也會觀察到大人說謊的樣子。我們明明一直教導孩子要誠實，卻又一再讓他們看見自己說謊的樣子，雖然很諷刺，但這就是悲哀的現實。

✦認同任何人都會說謊

我的孩子在長大過程中也偶爾會說謊。他國小低年級時，班導就曾經打電話給我，說孩子在學校打了人，並提出請求：「媽媽，雖然我把問題解決了，但您還是打通電話向對方道個歉會比較好。」於是，我先向孩子問了情況，孩子說：「因為他先動手，我不能白白被打，所以才會還手。」聽完後，我打電話給對方家長說：

「您家小朋友應該很不舒服，但我家孩子也被他打了，我下次會教好孩子。」對方回說：「原來是這樣。如果我們家小朋友也打人了，那我家也會再多多注意，真的很對不起。」說完，就掛了電話。

三十分鐘後，電話又來了。對方問了自家孩子，他說自己沒有出手打人。所以我又問了自己的孩子，孩子非常生氣，說自己明明被打了。

於是，我又跟對方家長說：「他說自己明明也被打了，雖然我不知道真相是什麼，但我選擇相信我的孩子。」之後就掛了電話。當然掛電話時的口氣不太好。「不是啊，難道她自己兒子說的就是對的，我兒子就是說謊嗎？」我這樣想著，心情很差。

然而當天晚上，孩子卻說自己其實沒有被打。我氣得跟兒子說：「你應該要在媽媽還沒打電話給人家之前，就先跟我說啊！」心想：「對方媽媽會怎麼想我呢？」愈想愈心虛。我仔細思考後，告訴兒子：「誰都可能會說謊，媽媽偶爾也會說謊，但那是很不應該的。我剛才也說過，一個人如果說謊，就會傷害沒有說謊的另一個人，那到底該怎麼辦呢？你應該鼓起勇氣，去承認真相，媽媽會幫你。」說完，我又打電話給對方，按照兒子承認的事實，跟對方賠了不是。

我兒子為什麼會撒這麼明顯的謊呢？大概是因為他內心慌了，在那個瞬間基於自我保護，順勢就撒了謊。我們之所以會說謊，有時是避免讓對方不高興，希望場面不要太難看；有時只是因為好玩或有趣。我們都知道說謊是不對的，但哪怕孩子只是因為無法預測後果而說了謊，父母都會很不高興，甚至擔心不已，認定孩子要改過。

✦孩子在成長過程，必然學會說謊

我兒子滿三歲時，就開始說謊了。跟他出去外面走一下，他就會說：「我要抱抱，給我抱抱！」但我手上拿很多東西又很累，就跟他說：「你自己走！」一聽完，他瞬間變了臉說：「我肚子痛，媽媽！我肚子痛！」因為他裝得很好笑，我笑翻了，心想：「這孩子也太會演了。」

有時在媽媽看來再明顯不過的謊話，孩子卻認為是真話。兒童發展研究專家李康（Kang Lee）提出，孩子開始說謊是極為自然的成長過程之一。孩子會說謊，是因為開始掌握讀出對方心思的能力，藉此得以調整自我的言行和情感。李康認為，以下這兩種能力是人生當中必備的：

1. 讀出他人內心的能力

為什麼說謊跟讀出他人的心思有關呢？因為人一旦覺得自己說的話，對方無法得知真假，就可能說謊。我的孩子大概以為自己的謊言不會被拆穿，他讀出我的心思後，才說自己也是受害人，這和判斷說謊本身的對與錯，是截然不同的能力。只要不是為了說謊而說謊，能夠讀出對方心思，這一點在與他人產生共感的場域中，是非常重要的。只要能推測、並讀出對方的心思，就更容易與別人共情共感，出社會後與人共事會更圓滑，待人處事也更和諧。

2. 調整自己情感的能力

即使成年了，也有許多人藏不住自己的感受，各種情緒在臉上表露無遺；只要一看到他，就知道他現在的心情如何。然而，多數人即便心情跌落谷底，也能裝作沒事，就算心情很糟，也能露出平靜的表情，這都是因為具有調節個人情緒和言行的能力，這就是自制力。如果父母問孩子：「你是寫完作業才開始玩的嗎？」有些孩子會說「今天沒有作業」，然後控制住自己的表情；有些孩子則會支支吾吾，偶爾還會臉紅。

有多少孩子會對父母說謊呢？其實，每個父母或多或少都會遇到孩子說謊。因此，孩子說謊並不是什麼十惡不赦的事。擁有自制力，在人生中是極為重要的。李康曾說：「說謊的人掌握了讀取他人心思、調整自我言行的能力。基於這個觀點，孩子開始說謊是一件值得慶祝的事，因為出社會後，這是種必備的能力。」

✦給孩子誠實的勇氣

孩子在成長過程中說謊，是非常普遍的。然而，為什麼有些孩子會後悔、坦承事實；有些孩子卻打死不願意承認，哪怕父母一而再、再而三，苦苦要求孩子做人要誠實，他們就是不願意說出真相？

孩子對父母說的謊，和長大出社會說的謊，有本質上的不同。有時孩子會為了不讓父母失望而說謊，這種謊言要理解為孩子想得到關愛。有時，孩子是為了逃避被父母責備。但從根本上來說，孩子是不想讓父母失望，害怕父母因此不愛自己了。

我們總是教導孩子「說謊是不對的」、「說謊會變成壞人」，甚至會威脅孩子，只要說謊就會受到嚴厲懲罰，有時還會暗示他們「說謊的小孩，不會受到父母疼愛」。

人最難能可貴的一點，就是「懂得後悔」。後悔自己說錯的話和做錯的事，才能真正體會誠實的可貴。人們會誠實反省自己應該如何行動，也會發現自己的錯誤。說謊與後悔的能力相關，即便我們會為了避開某個瞬間而說謊，過了一段日子之後，便會開始後悔。為什麼會後悔呢？因為良心會告訴我們，那麼做並不對。我們有必要傾聽內在的聲音，保有誠實的人際關係，這是非常重要的。

那我們該教導孩子什麼呢？與其一味地告訴他們「說謊是不對的」、「說謊會變成壞人」等，我們應該要教導孩子，誠實是多麼重要且值得高興的事。雖然人難免會說謊，但我們仍要告訴孩子，誠實做人，是一種勇敢的選擇。

孩子說謊的時候，心裡一定很不舒服。因此，我們必須幫助孩子，讓他們明白每個人都可能說謊，但有人會因此而受傷，所以我們要鼓起勇氣去承認錯誤。如果父母只是說：「你再說謊，我就要罵人！」孩子可能會永遠錯過反省和回頭的機會。

假如換個方式，對孩子說：「無論何時，等你心裡舒服一點，再老實跟我說，媽媽會幫助你。」孩子就會放心，內心安定後就能恢復親子間的信任。他們會想著：「啊！只要我誠實說出口，媽媽就會幫助我！」這樣，孩子才會開始表達自己。當他們害怕時，會選擇沉默，但覺得放心後，就會一五一十娓娓道來。請各位幫助孩子找回說出實話的勇氣。**孩子不會因為從未說謊，就擁有誠實的力量，要從大人的信任和陪伴之中，給予他們坦承面對錯誤的勇氣。**

同感孩子的對話練習

✧ 發現孩子似乎說謊時，不妨換個方式詢問。

✗「你剛剛是在說謊吧？」

✓「我知道的事情，跟你說的不一樣喔！我覺得有點混亂，你可以再說一次讓我理解嗎？」

✧ 孩子鼓起勇氣說實話時，要稱讚他。

✗「那你之前為什麼要說謊？」

✓「還好你現在誠實說出來了，這很不簡單呢！」

✧ 幫助孩子找回勇氣，並認識誠實的重要。

✗「以後不可以說謊！」

✓「誰都可能會說謊，但是你不該說謊。這有兩個原因：第一，說謊時，人會變得畏畏縮縮，心裡難受又感到抱歉。第二，說謊可能會傷害別人，所以鼓起勇氣說實話很重要，爸爸媽媽會幫助你。」

04 責怪孩子前，了解他想要什麼

不要說：「孩子就是像你！」

面對堅持己見的孩子，我們常常覺得疲累，這不是因為孩子不好，而是因為我們不夠成熟——孩子本來就不太聽父母的話。

當孩子對父母說出「不要！不要！」常常令人疲憊不堪。明明是孩子必須做的事，但他們不只拒絕聽父母的話，還大吵大鬧，真的會讓父母無助又抓狂。

✦真的是孩子的錯嗎？

每當這種時候，父母經常不知不覺說出：「孩子到底是像誰？」然而，這句話卻極具殺傷力。小時候，爸爸罵我或打我時，總會說：「妳就是像到妳媽！」其實，我長得非常像爸爸。我被打之後，還特地去照了鏡子，心裡總感覺很混亂。當時我想著：「我長得明明比較像爸爸，但爸爸為什麼說我像媽媽呢？像媽媽就不好嗎？」爸爸把跟媽媽相處的不愉快和挫折，轉移到我身上（轉置），不承認自己犯的錯，反而怪到我頭上（投射），進而施暴。我爸爸把極為主觀的想法和情感，毫無理由地投射在我身上，這稱為「轉置」，也就是把對A人物產生的情感，移轉到B人物身上的行為。另外，我爸爸將自己排除在外，把憤怒的原因和理由，推卸到我身上，這就叫做「投射」。

我們假設，一位媽媽在白天跟朋友見面、分享彼此的生活，後來卻覺得心情低落。等她回到家時，會發生什麼事呢？

這時，如果孩子沒有整理房間、沒有刷牙，她就會比平常更用力地責罵孩子。她把自己的壞心情倒在孩子身上，並提出指責。她可能會說：「你不是早該整理好房間、刷好牙嗎？今天我要好好教訓你！」然後把自己的憤怒歸咎於孩子表現不好。

轉置和投射，都是人類為了保護自己所使用的心理防禦機制，多半出於慣性或自然而然發生。但是，人類如何使用防禦機制，卻有重要的差異。

1. 有些人會把防禦機制當作事實，並加入自己的情感。
2. 有些人知道自己正在使用某些防禦機制。

生活中難免有些時候，不得不使用對自己有利的防禦機制，但重點是，我們必須意識到自己正在使用什麼防禦機制。如果父母能察覺：「啊！我不小心把外面的壞心情，發洩在孩子身上了。」下次父母就會更謹慎，也能馬上調整心情。努力察覺自己行為的人，跟完全沒意識到自己行為的人，兩者天差地別。我們努力察覺，就會改變說出口的話和做出的行為，也會思索該用什麼方法解決問題，最後就能獲得改善。然而，沒有意識到自己正在使用防禦機制的人，會一直在生活中不斷強化那種防禦機制。

如果父母對孩子口出惡言，投射自己的壞心情在孩子身上，經年累月之下，就會嚴重損害孩子的自尊心。孩子無力對自己負責，養成責怪身邊人和環境的習慣，也會塑造這樣個性。如果孩子對父母說「不要！不要！」一直這樣堅持，父母就要檢討是不是自己和孩子相處時，使用了內心防禦機制（轉置和投射）。

✦孩子偶爾非常像父母，卻又完全不一樣

靜靜觀察孩子的行為，有時會發現他們像極了父母。雖然父母大多不想承認這點，但許多孩子令人困擾的行為，大多是模仿父母。即使如此，如果父母不希望孩子在某些地方像到自己，但又不想承認，就會更加責備孩子。搞不好正因如此，父母才會把該對自己說的話，轉移到孩子身上，還說個沒完沒了。我在溝通工作坊中，經常聽到有人這麼說：

我總是希望孩子不要像到我，但不用說像，跟我簡直一模一樣。只要看到他，不知不覺又會把他當成跟我截然不同的人，我老是跟他說：「我真是搞不懂你。」

有人則是相反，如果子女的言行與自己的伴侶一模一樣，也會覺得很悶。

我下定決心跟老公結婚時，就是喜歡他把環境整理得一塵不染的樣子。但婚後，每次跟老公去旅行，光打包行李就要花一小時以上，只要地上有一根頭髮，他就會睡不好，一直起來打掃。因為我的工作常常需要出國，不論在哪，我眼睛一閉就可以睡覺，哪管地板髒不髒，所以我漸漸無法理解老公為什麼要拚命打掃。我兒子跟他爸爸一模一樣，即使我跟兒子說大概弄好就趕快去睡，他還是每天花很多時間打掃，常常讓我快暈倒了。

許多父母會討論兄弟姐妹之間的差別，即便擁有相同父母、相同環境，但彼此的個性卻截然不同，而且各別像極了父母特定的模樣。

每當我聽到這種話，就會更加堅信：與其費力去理解孩子的行為，倒不如全盤接納顯得更有智慧，得到父母包容成長的孩子更幸福。其實，許多父母訓斥孩子，並不是因為孩子犯錯，或做了什麼危險的事，只不過是那些行為讓自己看不慣罷了。

不久前，我看到一則令人非常心痛的新聞。一位國中生帶刀上學，用刀刺傷另一位同學，而且遭砍傷的學生命在旦夕。我仔細查詢更多新聞內容，才得知加害人平時經常遭到被害人欺負，加害人也曾經找過老師諮詢。我想，這就是加害人拿刀刺傷被害人的原因。雖然我們無法得知加害人平常被欺負時，父母、老師如何處理，或者加害人有沒有跟父母說過自己被霸凌的事，但每次看到這種新聞時，大部分的人都會用事不關己的態度討論：

「那個孩子為什麼有這種行為？就是像到他爸媽！」

我們身為父母，絕不能對其他父母說出這種話。顯然，事件雙方的家長都痛苦不已。哪怕不是這種鬧出人命的事，現實生活中，我們也經常輕易說出：「孩子就是像到ＸＸＸ！」這種話。然而，孩子說的話、做的事，並非全是跟父母學來的，這種錯誤觀念反而會滋長問題，甚至加重父母的罪惡感，讓父母無顏見人。**我們必須以同理心來看待事件的受害人，並積極與孩子討論該如何處理，最終要找出對彼此都有幫助的方法，這才是最重要的事。**

✦不要責怪別人，你可以這樣說

「我孩子到底是像誰，才那麼不聽話又固執啊？」假如你很想說這句話，可以怎麼辦？

如果孩子固執得又哭又鬧，那請你先回想，自己是否會在芝麻小事上打擊孩子？或是孩子哭鬧時，讓你想起了某個討厭的人，你是不是正把他投射在孩子身上呢？

如果孩子想做的事，既沒有錯，也不危險，更不會害人，你可以向孩子提議其他更好的做法。批評他太固執之前，可以先努力了解孩子想要什麼。

同感孩子的對話練習

孩子固執得不像話時：

✧ 不要打斷孩子的話，而是聽他把話說完。

「你會鬧成這樣，是不是有什麼不同的想法？」

「你不用這樣吵，媽媽也會好好聽你說。」

✧ 一邊勸說孩子，一邊提供有用的方法：

「媽媽覺得別的方法，比那個方法更有用，你想想看。」

「剛剛我們討論的許多方法，你選一個最喜歡的，然後再跟我說。」

「冷靜跟媽媽說，媽媽才聽得懂，這樣也才會對你有幫助。」

05 幫助孩子擁有自信和獨立行動

不要說：「你自己看著辦！」

幫自己打理好所有事的人若突然離開，自己會連小事都做不好。慢慢放開手，一點一滴讓他自己來做，你的孩子就能獨立成長。

一位醫生提到，在診間遇到某些孩子跟媽媽一起來看診，為了確認孩子的健康狀況，醫生詢問他喜歡吃什麼食物。但很多孩子回答不出來，反而把目光轉向媽媽，問媽媽說，自己喜歡吃什麼。「我很驚訝，居然連自己喜歡什麼食物都回答不出來，還要把問題丟給媽媽，這些孩子看起來問題很大。」

✦受控成長的父母，控制自己的孩子

我們的父母成長於完全不同的家庭環境，那一代人有個共通點：成長過程中，受到有形或無形的外部控制。小時候，當我們想說話時，父母會說：「沒禮貌，閉嘴！」當我們想哭時，父母又說：「不准哭，哭不能解決事情！」我們受委屈生氣時，父母說：「給我忍住！」某種程度上，我們都受到外部控制長大，一路上無法表達自己的意見，無法有選擇的自由。等我們好不容易變成大人，像媳婦熬成婆一樣，卻也開始打壓自己的孩子。這就是我們跟孩子的對話，變得愈來愈單調的原因，因為對話會反映出我們的想法和意識。

我從小就無法好好說出想說的話，長大後在其他人面前說出自己的意見，會讓我非常不自在，還會臉紅心跳，我總覺得：「靠我自己做不來。」久而久之，成了一個很內向的人。別人都說我是一個很害羞的人，站在大家面前說話，會讓我覺得很丟臉。但骨子裡，我極為渴望表達出自己想要的事物，那種需求不會消失，我很想在生活中勇於表達自己，同時羨慕做得到的人。

雖然每個人不盡相同，但在嚴格受控或恐懼氣氛的環境下，人是無法發揮創意的，因為保護自己的防禦機制會自動啟動。

團體生活也是一樣。當隊長說「請說出你的意見」時，幾乎不太有人勇敢回答，如果你問他們原因，他們會說：「太快回答，可能會被指派工作」、「就算我提意見也沒用，結果還是要按照隊長想的做」、「按照他的要求做，最沒有損失，所以我不會開口」。

這種處理方式跟小孩的反應完全相同。在被控制的環境裡，與其去挑戰，大家寧願被動行事，只想按照慣例走。上述主角從小受到無形的控制長大，他把自己困住，只會在框架裡行動。

每個孩子來到世界上，
都具備不同的氣質和才能，
我們不清楚他們的氣質和才能，
只是養育著他們。

✦凡事問父母，依賴性強的孩子

最近的孩子總是不停發問：

「媽媽，我可以去廁所嗎？」
「媽媽，我可以吃飯嗎？」
「媽媽，我可以做這個嗎？」
「媽媽，我不能做那個嗎？」
「媽媽，我現在要做什麼？」
「媽媽，我可以玩嗎？」

孩子習慣依賴之後會習得被動，獨立則伴隨著選擇和自律。父母該怎麼做，才能讓孩子在獨立和依賴中均衡成長呢？

對孩子來說，獨立與依賴，只能選一個嗎？

每個孩子來到世界上，都具備不同的氣質和才能，我們不清楚他們的氣質和才能，只是養育著他們。父母無論如何都要發掘出孩子的氣質和才能，我強烈認為這個信念是對的，哪怕有人不同意。但奇怪的是，當我們愈是那樣想，愈容易偏離尋找孩子夢想的正軌，而難以發現他們的才能。

那麼，養育孩子時，究竟要插手到什麼程度呢？究竟要讓他在哪些方面獨立呢？這個問題並沒有正確答案，重要的是，孩子總會離開父母，獨自生活下去。那時，父母必須不帶悲傷、不留牽掛，給予彼此自由後再離去。

如果孩子非常黏人，父母就需要檢討自己，是否在養育孩子的過程中，一直插手管所有事情。有時父母為了保護孩子，會阻止孩子做某些事；有時父母想讓孩子學會禮貌，要求節制行動；有時父母為了訓練孩子勇敢，會把他丟出家門。但是，父母必須仔細問自己：這些過程是否讓孩子參與決定？換句話說，父母是否都事先和孩子溝通過，才讓他自己做出選擇與行動？絕大多數的父母都會要求孩子按照自己的標準走，只教孩子做某些事，不允許孩子按照自己的意見行動。

我以前也曾經這樣。直到我的兒子有一天問我：「媽媽，我可以去廁所嗎？」「為什麼你在家連上廁所都要問我？直接去就好了啊！」一說完，我覺得很無語，不禁思考：「我最近是不是過度限制孩子？」一瞬間好多事件閃過腦海。之後，我深深反省，也後悔不已，回想自己過去沒有尊重孩子的選擇，也煩惱未來要用什麼方式跟孩子溝通。

讀到這裡，你可能會有所察覺，並且說：「我家小孩也是！什麼都要問我。」每對父母都有功課要做，不該把養育的重點放在讓孩子獨立還是依賴，而是讓大人和孩子彼此依賴，孩子又能獨立長大。

✦讓孩子邁出一步又一步

沒有人會要求剛會爬的小嬰兒，馬上站起來走路。大家會握著嬰兒的手，讓他試著自己抬腳，朝自己跨出一步，在他快要跌倒前抱住他。如果孩子開始走路，父母的手會小心翼翼，準備好隨時一把接住孩子。所有事都會經歷這樣的過程：**愛孩子的心意、關愛的眼神，以及溫暖的呵護。**

請父母不要太焦慮，想著孩子是不是太過依賴。從另一方面來看，他可能只是喜歡和媽媽在一起的親密感。你只需要幫助孩子，學會在世界上生存的方法就好。如果你不想幫孩子處理每件事，也不希望孩子什麼都不會做，卻常常忍不住幫他一下，希望你不要苛責自己，並說：「我怎麼把孩子養得這麼依賴？」因為你非常愛這個孩子，孩子才這樣愛你。也希望你不要責備孩子，說：「這孩子是像誰，才會這麼軟弱又依賴人？」每個孩子都不一樣，只不過你的孩子比別人更加細心謹慎而已。希望我們都不批評彼此，讓孩子兼具依賴與獨立，健康長大。

同感孩子的對話練習

◇我們並不是要把孩子晾在一旁，冷淡地叫他什麼事都得自己來。我們要在他做決定的過程，幫助他做出選擇，帶著他行動。

✗「你自己來，你可以啦！」

✓「你自己從這裡做到這裡，媽媽在旁邊看你做。」

◇如果他自己做到了，那請你恭喜他，因為他取得了小成功。

✗「幹得好。」

✓「媽媽有看到你自己努力的樣子，真替你感到開心。」

要恭喜他，並非稱讚他。

06 培養孩子照顧自己的能力

不要說：「你像傻瓜一樣討好別人，就會被利用！」

我家小孩有個毛病，就是太乖了。他沒有自己的意見，總是不停讓步。有一天我跟他去親子咖啡廳，他想玩溜滑梯，卻被站在後面的孩子搶先。他一直沒辦法爬上樓梯，總是讓別人先過，呆呆站在那裡。後來有個孩子用力推了我家孩子，他就跌倒了，等我發現時，孩子就邊哭邊朝我跑過來。每次我都無法責怪其他小孩，只能難過地跟他說：「為什麼你要像傻瓜一樣站著？排隊上去就好了嘛！」我心裡很不舒服，因為這種事不是一次兩次了，我到底該怎麼辦？

親子咖啡廳是一個很好的場所，可以觀察到孩子不同於在家裡，和其他孩子互動的模樣。去到親子咖啡廳，孩子可以一起玩，媽媽也能喝杯茶聊天，是很好的社交場所；雖然跟其他媽媽交流很重要，也請你觀察看看自己的孩子怎麼玩耍，這有助於了解孩子。與其他孩子在一起時，媽媽可以觀察到孩子的不同面貌，雖然大家都認為已經很了解自己的孩子，但有時會訝異於孩子的另一面。

養育孩子的過程中，一定會經歷孩子在親子咖啡廳、幼兒園、學校裡扮演退讓者的角色。孩子看著自己的東西被搶，會一邊哭一邊回家。如果小孩被欺負，媽媽覺得無法忍受，就會傷心的說：

「你為什麼只會忍？要還手啊！為什麼只會哭著回來？你是傻瓜嗎？輪到你了，你為什麼不說話？」

傷心之下，有些媽媽會轉而責怪對方小孩，稍有不慎還會鬧成家長之間的衝突。有時她們會跟對方媽媽說：「不是啊，你們不知道要排隊嗎？請跟你的小孩說，要遵守規則好嗎？」善良的孩子看到媽媽生氣，就會說：「媽媽，我沒關係啦。」有些媽媽擔心孩子太有攻擊性，但太軟弱的孩子也會讓媽媽受傷。因此很多人說：「我寧願小孩是打人的一方，也不希望是被打的一方。」我們的孩子為什麼像傻瓜一樣，只會忍耐呢？為什麼不能堅持自己的想法呢？

✦沉默與控制

請回想你擠番茄醬的經驗；只要輕輕擠，醬汁就會慢慢流出來，但如果洞口太小擠不出來，這時，你突然一用力，就會「砰！」爆出醬汁。人心也是，壓抑內在的情緒並不是一件輕鬆的事。人的心應該像涓涓流水，有進有出，一旦被壓抑，就會從裡面開始崩壞，直至爆發。

經常壓抑自己的人，會產生哪些後果呢？

1. 表面上順從他人，實際上卻是壓抑自己，最後產生復仇的念頭。
2. 內心愈無力就愈順從，最後放棄抵抗、屈服於他人。

面對只會讓步、單純乖巧的孩子，我們該怎麼理解他們，又能如何幫助他們呢？在其他人眼中，可能會覺得這個孩子是個天使；但身為媽媽，不免會擔心孩子未來如何在世界上生存，甚至忍不住嘆氣，煩惱著該怎麼幫助孩子做出行動。

首先，父母必須先觀察自己是不是說過：「你就讓他一下」、「不可以打人」、「你要忍耐」、「你要懂得善良，要忍耐」、「你安靜一點」、「你這樣，人家會討厭你。」這些話，是不是壓抑了孩子的感受呢？

不久前，我參加了一個課程，授課老師要求大家分享自己「莫名討厭的事物和莫名喜歡的事物」，讓我們能尋找潛意識中被掩蓋的壓抑。我們從輕鬆的氣氛中開始上課。雖然不明原因，但我就是喜歡秋天；雖然不明理由，但我就是討厭沙拉。「我不知怎的就討厭這個，我不知怎的就喜歡這個。」大家你一言，我一語，就聊開了。

但是說著說著，就開始不再出現「不知怎的」這個詞了；一切都是有根源的。聽著聽著，我也開始回想自己的情況，然後覺得憂鬱、憤怒、痛苦。這個討論過程讓我想到：「啊，我的孩子有多壓抑呀，以後真的要改變一下做法了。」希望幾年後，孩子若是想起什麼而生氣或憂鬱時，能夠學到不該太過壓抑。

如果一個喜歡說話的孩子，一直聽到媽媽說：「你閉嘴，你為什麼這麼吵？」那個孩子會在不知不覺中，開始把想說的都吞進肚子。壓抑就是這樣在長大的過程中，通過言語和教育塑造出來的。如果孩子聽著這種話長大，就會選擇沉默和忍耐。我們該想想，**孩子過度讓步和忍耐，是不是一種學習而來的壓抑表現。**

✦沉默與肯定

我家老大不太會主動要求什麼，平常也很禮讓四歲的弟弟，我總會稱讚他很乖。老大很會照顧老二，別人常稱讚他很有度量，出門在外，大家總是對老大讚譽有加。直到某天幼兒園老師對我說，我家小孩看起來很不快樂，他並非真心想退讓，而是因為大人的過度教育，才持續做出這樣的行為。聽完，我並不認同老師的說法。回家後，我問孩子喜不喜歡禮讓弟弟，他只是默默站著不動，所以我又問了一次，我告訴他：「你誠實說就好，媽媽都會理解。」孩子這才流淚承認。那瞬間，我覺得自己很對不起他，趕緊抱住他，向他道歉。

孩子為了得到父母的愛，為了得到大人的肯定，會主動做某些事。他們為了得到父母溫暖的眼神，想聽到父母對自己說溫暖的話，會主動討好父母。但是**孩子在父母的保護下，仍然需要擁有一定程度的自由**，而孩子要相信父母總是愛著自己，才會感到自由、勇於行動。如果父母與孩子之間失去信任，孩子就會默默觀察父母的臉色。

為了得到父母的愛與認可，有時孩子即使自己不願意，仍然會勉強去做，藉此觀察父母是否愛自己。

即使父母嘴上沒有說：「你必須那樣做，媽媽才會愛你。」他們仍有時會不知不覺對孩子表露出「有條件的愛」，這種情況非常多。前面這位媽媽向我吐露這件事時，是淚流滿面的。

她說：「老實說，我只是喜歡看到老大禮讓老二，這樣我就很輕鬆，所以我希望老大一直保持下去。每當他禮讓別人時，我就會說：『媽媽真愛你！』給他肯定。我似乎無形中讓孩子以為，保持乖巧才能討父母喜歡。想到這裡，我就覺得對他很抱歉。」

我時常反省自己，我給兒子的愛，是否帶有條件？許多父母愛著孩子，但這份真心卻未傳達出去。我們的言行舉止，會讓孩子想從中獲得肯定、討父母的喜歡，卻也可能讓孩子委屈自己，最後變得愈來愈沉默，甚至悶悶不樂，這樣的問題值得我們深思。

✦沉默和氣質

即使是同一對父母所生，每個孩子也截然不同。有些孩子會追著父母問答案，直到好奇的問題獲得解答；有些孩子會跑到父母身邊，等父母有空時教導他們；有些孩子會安靜看書，自己找答案。孩子都帶有各自的氣質，他們都是上天給予的禮物，父母應該要仔細觀察他們。

卓越的「給予者」（Giver）會因禮讓他人、提供幫助，貢獻自己的努力和資源，進而感受到幸福。我有時見到宗教人士，會問他們：「你從小就時常幫助他人，也喜歡分享嗎？那時的你，是出自真心的嗎？」他們回答說：「的確是！那時的我真的很幸福。」

因此「退讓」不見得只是為了尋求肯定，也不一定是為了得到關愛，更不一定是壓抑自己的結果。退讓有時是出自真心，能夠讓自己喜悅。許多孩子會把自己的東西主動拿給朋友，光是「分享」，就能讓他們覺得幸福。如果自己的孩子是基於這種情況退讓，父母應該讚美他，也要替他開心，搞不好孩子會超越我們的想像，成為這世界上不可或缺的光和鹽。

本章我們思考了孩子之所以出現沉默的三種情況：受到控制、想要被肯定、天生氣質。因此我們知道，如果孩子在親子咖啡廳中被朋友推擠，哭著回到家之後，卻沉默著不說話，這絕不是出自於天生氣質。這種時候我們該如何幫助他呢？如果說：「你為什麼要哭？回去跟他們說：『不可以推別人！』我會在旁邊看著，你回去跟他們講！」然後把孩子往一群小朋友之間推過去，孩子反而會更不知所措。孩子在家都沒辦法好好表達了，在陌生的環境又怎麼能做到呢？

請在同感孩子的對話練習中試試看。

同感孩子的對話練習

✧如果孩子哭著向你走過來，請先跟他站在同一邊。

媽媽：「你很難過吧？如果其他小朋友也遵守秩序，大家一起玩多好，對不對？」

✧如果他說，自己願意去跟推擠別人的小朋友溝通，媽媽只需要問：「你要去試試看再過來嗎？」。

按照大人的理想世界或教科書來看，推倒別人的小朋友應該會說：「啊！真抱歉！」然而現實世界中，那個小朋友極有可能會繼續推人。

必要時，請父母務必走進孩子之間，去幫助自己的孩子。

媽媽：「嗨！你想開開心心玩吧？其他小朋友也是哦！

那請你要排好隊，可以嗎？」

✧如果那位小朋友有改善，就要向他道謝。

「謝謝你遵守秩序唷！」

搞不好，推擠別人的小朋友也會有所學習。既然排隊玩是正確的，父母跟孩子就不該畏縮。如果這位小朋友終於排隊了，你就要對他說：「謝謝你！」之後孩子會觀察大家怎麼玩，你再跟他說：「對，就是那樣玩。」然後回去媽媽的座位就好。

07 肯定孩子與別人不同，給他空間

不要說：「別人家的小孩都可以，為什麼你不行？」

尊重孩子的個性，肯定他的與眾不同，才是創造孩子幸福人生的良藥。

我曾經當過收養機構的義工，有一回目睹另一位義工媽媽跟兩個國小一年級學生聊天。

「你最厲害的事情是什麼？」

「我很會唱歌喔。」

在場的老師請那位孩子高歌一曲，他的歌聲非常優美，大家連忙鼓掌叫好。那位老師又問其他孩子：

「他很會唱歌耶！那你會什麼呢？」

被問到的孩子突然扭扭捏捏起來，唱完歌的孩子說：「他很會比腕力。」

剛才那位老師跟學生的對話，原本應該點到為止，結果孩子被老師的好奇心弄得很尷尬。我站在那裡雖然沒說話，心裡卻很不舒服，回家路上心情都是沉重的。

當那位老師問：「他很會唱歌！那你會什麼呢？」難道心底沒有半分想比較的意思嗎？連大人都很渴望得到他人的肯定，何況是孩子呢？這些跟父母分開的孩子，心裡是多麼渴望父母的關愛跟肯定呀。我愈想，心情就愈沉重。

我們渴望的愛，與內心深層的需求密不可分。「有條件的愛」，簡單來說就是：「我要做什麼，才會有人愛我？」對現代的人際關係來說，這一點已經很普遍。

如果那位老師沒有問：「你會什麼呢？」而是問：「你喜歡什麼？」那位孩子的心情會有多麼不同呢？我認為老師應該這樣說：「他喜歡唱歌耶，那你喜歡做什麼？」如果父母能把注意力，從「比較」轉變為「喜歡」，就能在孩子的回答中，看見更有活力的笑容。

✦從喜歡的事物中，尋找喜悅

我曾經聆聽柴可夫斯基音樂比賽的演奏會，一共五十多位音樂家聯合演奏，由指揮家帶領大提琴家、小提琴家、鋼琴家合奏，整場表演超過兩小時，毫無冷場，舞臺上洋溢著眾人對音樂的熱情。這五十多位音樂家當中，有一個人特別顯眼，是前排數來第二位的小提琴家。他是一位年輕的男性，一邊看著指揮，一邊等待時機演奏，在每個樂章都做出各種符合氣氛的生動表情。他極為投入的神情，令人不禁讚嘆。還沒輪到自己演奏時，他會一邊聽著其他人的表演，時而微笑、時而哀傷，時而望向聽眾。樂章結束，掌聲響起時，他一下子看著演出人員，一下子望向聽眾，露出滿意的微笑，他的笑容像極了父母看著孩子的神情。

我的目光一直離不開他。我希望跟我一起觀賞表演的朋友也能知道，便悄悄跟他說：「你看得到那個人嗎？他是前排數來第二位小提琴家。你看看他的表情！」

我一說完，朋友早就猜到似的，突然大笑說：「我也是！我從剛剛就一直在看他，原來妳也在看他啊！」

我邊笑邊說：「他好像真心享受著表演呢！」

我朋友也同意，聽著就笑了。直到表演結束，那位小提琴家都把自己當成主角，抓住了我的視線。

孩子長大後，能在社會上扮演什麼角色，這是父母能夠預測的嗎？大概沒辦法，因此最近的媽媽都非常焦慮。我自己也沒有答案，不知道我兒子未來會做什麼工作，所以一直很煩惱。我甚至會責備自己，身為母親，應該有責任替孩子鋪好路。每當我帶著這種心態面對兒子，就會看他不順眼，覺得他都沒有替自己的未來做打算。想著想著，不知不覺就一直嘆氣，覺得煩躁。即使兒子只是說著和平常一樣的話，在我聽來，也會覺得莫名帶刺。

然而，就在我仔細思考後，突然頓悟了。「我的孩子想活出怎樣的人生？」

他當然希望自己能過得幸福。

其實有一件事，比孩子做什麼工作更為重要，那就是「面對一件事的態度和心意」。有什麼事能比看見自己的孩子投注熱情、沉迷其中而流下汗水，更值得父母喜悅的呢？

我見過很多人，努力工作多年，取得成功的社經地位，但他們看起來不太幸福。許多人對人生懷有許多的遺憾，忙於工作而追著金錢跑，不曉得什麼是幸福。我不希望我兒子過著這種行屍走肉的生活，我希望他像那位小提琴家一樣，追尋自己的熱情與能量。我猜，許多媽媽也是這樣想吧！

✦承認孩子的不同，他們才能長大

不知何時開始，我們堅信幸福是有祕訣的：要向成功人士看齊，人生才能過得幸福美滿。為了成為別人眼裡的「成功人士」，我們不停地跟他人做比較，或認為自己有「義務」追隨某個成功人士。社會上多數人視為理所當然的事，如果自己沒有照做，就會擔心周遭的人、乃至於整個社會如何看待我們。

例如：有些人說，「你當然要上大學啊，別人都去了。」

有些人說，「你當然要找工作啊，不然只是待在家無所事事嗎？」

有些人說，「你朋友一個個都成家立業了，你怎麼還不結婚？」

剛開始，我們會批評說出這些話的人，但不知不覺間也會自問：「我是不是做錯了什麼？我是不是應該要做點什麼？」然後整個人愈來愈憂鬱。

回到孩子的身上，情況又是如何呢？我們對於何謂「成功人士」都無法完全確定的情況下，就拿自己的孩子來做比較。父母只是根據孩子的年紀、年級、角色、性別，就提出：「你現在是這樣那樣，所以要做到這些事。」

我的一位朋友，學生時代很愛在課堂上講話，常常被老師罵，但他的爸爸卻完全地支持自己的孩子。

他爸爸說：「會說話是一種才能。如果一個人能在別人面前滔滔不絕，就代表他有強大的能量。只要你勇敢地站在大家面前說話，說得愈多，就會愈來愈有條理。而且說出口以後，自己都聽見了，就會學習對說過的話負責。」

這位朋友聽了爸爸的這番話，現在成為了律師。哪怕他被周圍的人拿來做比較，或被別人貶低得一無是處，他的父親始終支持他，讓他沒有自卑感，反而能發揮自己的強項。我希望大家從自己做起。各位媽媽在孩子長大前，不要聚焦在孩子的缺點，而是要把缺點視為他的特質，讓他發揮自己獨特的價值。

成為父母之前，我們都經歷過各種比較。現在突然要我們尊重孩子的個性、個別發展，的確是一件很不容易的事。**但是，請一定要記住，每個孩子的成長速度不同，他們不僅擁有自己的氣質和與生俱來的特質，而且每個孩子的社會條件、家庭經濟背景也不同。所以孩子的個性、偏好當然有千千百百種。**然而，我們都不曾體會過，按照自己的喜好來生活，有多麼的可貴。我們只是一直被灌輸要合群、要跟大家一樣，才能在團體中找到歸屬感，這實在是一件非常悲哀的事。

✦專注在自己孩子的成長

如果自己的孩子能做得比別人更好，身為媽媽，當然會感到開心。

當父母不拿孩子跟別人比較，不計算孩子贏過哪些人、或比不上哪些人，把焦點放在自己孩子的身上，就能在孩子成長的過程中獲得喜悅。希望父母記住，孩子的成長是

跟昨天的自己比，而不是跟其他孩子比。

回想我們的成長過程，難免會因為別人的話而受傷。或許我們的內心跟不上身體成長的速度，因此盲目地把自己跟別人做比較；也或許我們因為跟不上別人的人生成就，便受挫不已。我回想自己曾因為社會框架吃過不少苦。我認為父母必須下定決心，擺脫自己在成長過程中，反覆出現的無力感與挫折感，才能聚焦在孩子獨特的成長步調，也能更懂得尊重孩子，站在孩子的立場上替他著想。

我們應該要讓孩子過得比我們小時候更幸福吧？我希望各位勇於改變。大家看看天上有著不同的星星，這樣很美不是嗎？如果只有一顆星星升起，那會有多孤單呢？每個孩子都是自己星球的主人。孩子本身就很閃耀，並不是因為他比其他星星搶眼，而是因為星星本身就會發光。大家生活在一起，每個人都是幸福美麗的星星。

孩子本身就很閃耀，
並非因為他比其他星星搶眼，
而是因為星星本身就會散發光芒。

同感孩子的對話練習

如果要比較，就好好地比一比孩子的「昨日」和「現在」，並且幫助他們在未來能做得更好。如果我們決心要教導孩子正確和重要的事物，首先請先尊重孩子，不要急著想改變他，要好好接納他現在的模樣。如果你不喜歡孩子現在的模樣，請先練習下面的想法：

✧ 不要拿其他人跟自己的孩子來比較，而是尊重孩子原本的樣子

✗「你都已經國小高年級了，現在還要媽媽催你刷牙嗎？」

✓「媽媽想跟你說，維持健康是很重要的喔！」

✧ 請父母暫時放下社會大眾的標準。

✗「你都已經國小高年級了，還不能自己睡覺嗎？」

✓「我知道，你還是會怕，情緒本來就很難控制。那媽媽該怎麼幫你，你才比較能自己睡呢？」

✧ 請父母肯定孩子的潛力，並認同他們目前的限制。如果孩子盡力了，父母也要給予肯定。請父母務必記住，孩子現在已經按照自己的方式，努力做到最好了。

✗「你都已經上國中了，還沒辦法專心三十分鐘嗎？」

✓「你看起來很難定下心。雖然這樣，媽媽還是知道，你已經很努力了。」

✗「你不能再努力一點嗎？」

✓「我看得出來你很努力了。」

✧ **如果孩子遇上問題，請父母主動提議更好的辦法。**

✗「你覺得這樣的成績能看嗎？」

✓「我們來想想有什麼辦法，可以讓你的成績更好吧！」

✧ **請向孩子提議，能讓孩子比昨天更進步的方法。**

✗「你下次一定要拿到90分以上！」

✓「你試試每天增加10分鐘讀書時間，先保持一個禮拜吧！」

08

每一次犯錯，都是孩子成長的機會

不要對孩子說：「我不是叫你要小心嗎？」

身為媽媽，如果也能每天反省自己的錯誤，
就會對孩子犯的錯更加寬容。

不久前，我剛從濟州島回來，抵達金浦機場時，我去了一趟洗手間。排在我前面的一對母女進去廁所後，旁邊的那間也空了出來，於是我就進去使用。當我正要開門出來時，聽到那位媽媽大叫一聲「啊！」我正在想她是不是受傷了，後來她叫到幾乎整排廁所都聽得見她的哀嚎，她大吼：「好痛！」她女兒小心翼翼問：「媽媽很痛嗎？」她卻大聲回：「廢話！我不是叫妳要小心嗎？妳這孩子怎麼這樣，真的是！」這位媽媽的每句話都用尖銳高昂的聲調吼著，像在發洩情緒，連一旁的我聽了都覺得很不舒服。我走出來廁所後，聽到其他人議論：「哎唷，她對小孩那麼兇，太過頭了吧？」「小孩都嚇死了。」雖然我沒有親眼目睹到底發生了什麼事，但孩子犯了錯，媽媽大吼大叫，確實會讓孩子非常害怕吧？

孩子為什麼常犯同樣的錯呢？當下，我們又為何會如此生氣呢？

我們只要稍作思考，就能知道如何說話才能對孩子有教育意義，如何反應才是正確的方式。當別人家的孩子犯錯時，我們通常很寬容、有耐心，可是換成自己的孩子，做出了我們看不慣的行為、或者反覆犯錯，儘管我們那麼疼愛孩子，卻往往會用激烈、不成熟的方式來責怪他。我並不是要批評這樣的反應，而是希望父母能明白，當孩子犯錯，或者出現我們想「糾正」的行為時，大人採取的回應方式，會對孩子的成長產生極其深遠的影響。

✦情緒性指責孩子的後果

不論是誰，一旦聽見強硬的語氣，必然會心生抗拒。於是，我們可能只在對方面前勉強配合，表面順從要求，實際上卻是被動行事，久而久之，不管做什麼，都會失去主動與行動效率。

1. 抗拒感

小時候，每當我打算去讀書時，媽媽就會說：「你快去讀書！你到底知不知道明天有考試？現在就給我進去！」這種突如其來的命令，反倒讓我更不想讀，這種經驗大家都有吧？抗拒感一旦湧現，哪怕是坐在書桌前，都很難專心把每頁讀進去。不只孩子，**即使是大人也會因為別人的態度強硬而產生抗拒感，就算最後選擇服從，心中的喜悅和熱情都會消失。**

2. 逃避挑戰

當父母對孩子的錯誤發火、大聲斥責時，孩子不只會產生抗拒，還會感到害怕與焦慮。一旦覺得害怕、恐懼，孩子的聲音就會變得愈來愈小，行動也愈來愈退縮，開始留意父母的心情和語氣，並且愈來愈不敢嘗試和挑戰。就像在職場中遇到專制型主管時，整個團隊便容易沉默順從；因此，以強勢的方式對待孩子，孩子也會不再主動探索新事物，只剩下觀察父母臉色的本能反應。更嚴重的是，孩子原本擁有的創造力與點子，也會因為不敢表達而隱藏起來，甚至逐漸退化。因此，無論是擔任主管的大人，還是照顧孩子的母親，都有一件同樣重要的事要學習：**我們用什麼樣的態度對待別人。**

我的孩子小時候弄翻牛奶，牛奶從玻璃杯流出來的那一瞬間，我不自覺地大喊：「我叫你要小心多少次了？怎麼又打翻了！」現在回想起來，那件事真不值得這樣暴怒，我居然對孩子吼叫。孩子說自己會擦乾淨，拿了面紙過來，我又激動地說：「你給我去那邊，讓我冷靜一下，媽媽自己來清理！」從此，孩子就不太喝牛奶了，原來是他擔心自己又會打翻牛奶，但我當時並不知道原因。之後，我對孩子感到非常抱歉，心痛不已。

✦讓孩子在犯錯中成長

我們需要從不同的角度來看待孩子犯的錯。孩子都是透過不斷犯錯來學習與成長，不是嗎？他們的能力本來就不如大人，是跟在我們身邊學習的。但對大人來說，很多事情太簡單了，於是當孩子犯錯時就忍不住責備說：「你怎麼這麼不小心？」這種時候，我們必須允許孩子犯錯，認同孩子不斷練習可以做得更好。畢竟，連大人自己也會經常犯錯，對吧？

我常對兒子說：「你的東西自己收好。」但其實我自己也常記不起來，自己的東西放到哪裡去了。我有時甚至會拿著手機，邊講電話邊說找不到手機。但是，孩子如果弄丟東西，父母就會看不慣而生氣。每個人都可能犯錯，孩子也是一樣，如果父母能認同這一點，就會更容易理解孩子。

許多人對自己寬容，對別人很嚴苛，但如果我們能夠像對自己那樣寬容地看待孩子——理解孩子因為還不熟練，當然會犯錯，就能說出：「啊！你是不小心的吧。」對話，正是我們內在意識的反映，**如果我們平常就想著：「人當然會犯錯。」實際遇到孩子犯錯時，也就能自然而然地說出：「沒關係，犯錯很正常嘛！」**我們如何回應孩子的錯誤，將會影響他未來的樣子；他是成為一個勇於創造的孩子，還是變成因為害怕犯錯而只敢停留在熟悉事物中的孩子，關鍵就在這裡。

✦別阻礙孩子成長

某一天，孩子最喜歡的娃娃被小狗咬爛了。當孩子看到娃娃變得破破爛爛，就忍不住嚎啕大哭。我心想：「那是你把娃娃放在小狗咬得到的地方，是你自己的錯！」雖然如此，我還是耐著性子聽完孩子說的話。但是，孩子哭得太慘，我只能說：「媽媽再買新的給你，別哭了。」希望他趕快停止哭鬧。但我後來覺得，這也許阻礙了孩子完整體會失去心愛物品時的感受，也剝奪了他對自己行為負責的機會。

父母對犯錯的孩子大發雷霆，發出威脅與責備，只是讓孩子心生畏懼。**然而，孩子犯錯時，如果父母說：「沒關係，媽媽幫你做就好。」這也會阻擋孩子面對挑戰，為自己負責。**明明是孩子自己犯的錯，卻要媽媽來解決，長期下來，孩子就學會依賴，有時還會怪媽媽處理得太慢，甚至可能迴避為自己負責。

✦給孩子自己處理的時間

我們失去理智時，瞬間會忍不住怒氣對孩子吼叫，但之後不免對自己的行為感到後悔。我們都是一邊養育孩子一邊學習，慢慢地調整與進步。就連父母自己也都是在無數次犯錯之中成長。

每個人都應該面對自身的錯誤，並且知道犯錯後該做什麼，其中最重要的，就是：反省和覺察，檢視自己的錯誤，在心中做出選擇，接著以實際行動來解決問題。

孩子也是一樣。即使父母不在一旁，遇到問題他們也應該做出選擇，知道自己該做什麼。父母必須放手讓孩子犯錯，這樣他們才有能力去面對，並學會選擇更好的行動。孩子犯錯時，父母要給他一點時間，讓孩子思考自己該怎麼做。**父母不需要教導孩子怎麼做，而是要透過詢問，激發孩子自己想出解決問題的方法。**

當然，事情有輕重緩急。例如，媽媽正在廚房的爐子上煎東西，雖然提醒孩子很多次：「這邊很危險，你去別的地方。」但孩子還是留在爐邊，不小心碰到了平底鍋的把手，結果被油燙到。這時當然不可能緩緩說出：「你這樣不對耶，我們該怎麼辦好呢？」而是要迅速用冰水倒在孩子燙傷部位，降溫後塗沫藥膏，並趕緊去醫院才行。不過，如果孩子只是弄翻牛奶，並沒有緊急或危險的問題，父母就要給孩子時間和機會，讓他處理自己的問題。

父母：「你不小心打翻牛奶了，現在該怎麼辦呢？」
孩子：「要擦乾淨才行。」
父母：「那邊有抹布，你可以拿過來自己擦乾淨嗎？」

我們可以用這種方式，對孩子提議解決的方法，並且提供機會，讓他處理自己犯下的過錯。培養孩子獨立思考和解決問題的能力是非常重要的。多數時候，孩子提出的解決方法，會讓我們驚訝與讚嘆。

減少孩子重複犯錯

如果孩子又犯了相同的錯誤，父母說出：「我要講幾次，你才聽得懂？」像這樣的話，對孩子其實沒有任何幫助。此時，我們應該要看著孩子的眼睛，對他說明這件事情的重要性。

不過，與其在孩子犯錯的當下說明，倒不如等過了一陣子，彼此冷靜下來後，再好好地溝通如何應對，效果會比較好。因為在事情的當下，父母會習慣性地說出：「我講過多少次了！」舉例來說，跟孩子搭電扶梯下樓時，父母會說：「你要小心，腳要踩好。」突然孩子縱身一跳。這種情況該怎麼辦呢？父母都會頓時從擔心轉為憤怒，然後責備孩子吧？但在那個瞬間，父母其實不該責備孩子，而是要先冷靜下來，再把孩子叫到身邊說：「你過來一下，你剛剛從電扶梯跳下來了，對不對？你要好好看著階梯，最後腳要踩好地板，這真的很重要，這樣做才安全。媽媽最擔心你的安全了，你跟媽媽一起來練習。」

首先，父母要先說明這件事為什麼重要。這時，務必要看著孩子的眼睛，讓你清楚傳達真正的用意，不要同時間忙著其他事，心不在焉。放下手邊的事情，看著孩子的眼睛，誠懇地告訴他：「這真的很重要。」

當然，我們並不一定都能這樣回應，因為父母也有煩躁或疲憊的時候，那時孩子只要犯了一點小錯，就容易讓人失去理智。然而，我們跟孩子不同的是，大人有能力安撫自己。我們只要能好好照顧自己的身心，就能有餘裕去理解與包容孩子，替還無法理解大人情緒的孩子，先多想一步。

同感孩子的對話練習

如果孩子犯錯，請用下面的方式來跟孩子溝通。

狀況題：「孩子不小心打翻水杯。」

✧同理與接納孩子。

✗「媽媽不是叫你小心了嗎？」

✓「大家都會犯錯嘛！」

✧和孩子討論該如何處理。

✗「把抹布拿來！」

✓「我們該怎麼處理呢？」

◆ 提出建議，或鼓勵孩子提供方法。

✗「你走開！」

✓「你拿衛生紙來了嗎？很棒，你來清理一下。」

✓「因為水太多了，我們改用抹布吧！你去把抹布拿過來。」

狀況題：教導孩子一定要知道的事。

◆ 告訴孩子事情的重要性。

✓「這個非常重要喔！」

◆ 暫停手邊的事，專心看著孩子的眼睛，對他說話。

✓「你看著媽媽的眼睛，人多的地方，我們要輕聲細語，不要跑來跑去，要慢慢走。」

✧ 請孩子跟著自己複誦。

✓「剛剛媽媽說了什麼？你自己說一次好嗎？」

09 用明確話語對孩子提出請求

不要說：「明明叫你不要做了。」

期待對方不需要自己開口就會去做。
這種期待帶有強迫性，其實是一種暴力。

在對話課程中，我發現即使原本討論的是「職場溝通」，大家經常到後面不知不覺延伸到「家庭溝通」。家庭是一種很特殊的生命共同體，結合了親情之愛、相互依賴的行動，以及無盡的責任與角色義務。因此，在家庭關係的溝通中，常見的問題就是我們混淆了「請求」與「強迫」。

回想一下，當孩子出生時，新生兒不是睡就是哭，然後又是吃，睡起來再哭，然後再吃……媽媽這時都會希望，孩子如果能說一點話，表達想要什麼就好了？

然而，即使我們長大成人後，仍有許多人像新生兒一樣，說不出自己真正想要什麼。如果自己的需求沒有被滿足，或是內心受傷，他們就開始不說話，只會皺著眉頭。如果對方開口問：「你怎麼了？」他們還是若無其事地說：「沒什麼啊，我沒有生氣。」

如果沒有明確地說出自己的需求，內心的渴望就很難實現。許多人沒有具體說出自己想要的事物，只是默默地想：「我都已經暗示得這麼明顯了，他一定知道吧？」然後誤以為自己表達得很明顯。但如果對方沒有按照自己心意行動，就會斷定：「看吧！就算我說了也沒用。」認為別人不會傾聽自己的想法。我認為，以這樣的溝通方式，如果希望的事情真的實現了，那才是奇蹟吧？

不知從何時開始，我們似乎認為，向父母或孩子清楚地說出自己的需求，是一件很傷自尊的事。所以我們一直忍耐，偶爾還會莫名地流下淚水，發洩情緒後又會覺得後悔。如果在你生活的家庭中，充斥著這種「不需要彼此開口，就要讓對方滿意」的氣氛，那麼，我們現在來學習看看，如何明確表達自己的需求吧！我們身為媽媽，如果主動說出自己內心的想法、與真正想要的，孩子也能學會這種表達方式，彼此的對話就能變得更健康。

✦強迫和請求的差別

如果媽媽對孩子說：「這週末我們要去奶奶家，吃完飯之後，要不要玩一下再走呢？」這句說聽起來是一種請求，還是強迫呢？

大部分的人大概會認為是請求。其實光從這句話，並無法判斷是屬於請求還是強迫。如果孩子聽到這句話後說：「奶奶家很遠，我不想去，我想在家跟朋友玩。」要看媽媽的反應如何，才能得知這句話是請求還是強迫。

如果媽媽說：「這樣啊！那你星期六下午先跟朋友玩，晚上再過來奶奶家吃飯好嗎？你可以搭你喜歡的火車來，這樣就不會覺得遠了，好不好？」媽媽如果是這樣詢問，那就屬於請求。但媽媽的反應，多半會變成以下幾種：

1.「好啊，那你就自己待在家。家裡沒有半個人，應該有點恐怖，但媽媽不管你了。」這樣的話語會讓孩子心生**恐懼和不安全感**，這就屬於**強迫**。

2.「你不去的話，奶奶會有多傷心？你真的要待在家嗎？」讓孩子出現**罪惡感和抱歉的心情**，也屬於**強迫**。

3.「你真自私，怎麼能每次都只想做自己想做的，這樣誰會喜歡你？」用話語讓孩子覺得**羞恥**，這也屬於**強迫**。

大部分的父母不太會傾聽孩子說的話，也不在意孩子認為重要的事，甚至認為孩子想做的事，跟自己想做的事相比起來，一點也不重要。許多時候，孩子還沒學會判斷，直覺認為應該要跟著父母行動。然而，孩子小的時候還沒有強烈的主觀判斷，一旦長大，他們就是能夠獨立思考的個體。大家要切記：唯有當父母願意傾聽孩子想做的事，父母想做的事也才能達成。**父母要學習與孩子協調的方法，在父母想達成的事，與孩子想達成的事之間取得平衡，而非一味地要求孩子配合。我們需要練習透過明確的話語，表達出自己的需求。**

✦請求孩子幫忙的方法

1. 善用正向話語

我有兩個兒子，老大八歲，老二六歲，兩人平常都很乖。某天，我在煮飯的時候叫他們去洗澡，弟弟在浴缸裡玩橡膠鴨，哥哥卻把它搶走。弟弟要求還給他，哥哥不聽，弟弟只好叫我過去主持公道。我聽完事由，對老大說：「不要搶弟弟的東西！」就先離開回去煮飯。不久後，老二哭著叫我過去，我有點不耐煩再到浴室，他說哥哥一直往他臉上潑水。

我生氣地警告老大：「你再欺負弟弟，以後就不要一起泡澡！」沒多久，老二光著身子邊哭邊跑到廚房，說哥哥打他。我忍不住對老大大喊：「你給我聽好，我已經說過不准欺負弟弟！」

這種時候，到底該怎麼好好說話呢？

聽完這個故事，我一直在想，這位媽媽真的非常辛苦，兩個兒子正值頑皮的年紀，她需要耗費極大的精力。**我們要記得：面對家人之間的請求，自己只能盡力而為，至於對方願不願意照辦，則不能強求，家人有拒絕的權利**。許多媽媽連續五次聽到孩子說：「討厭，我不要！」就會氣得失去理智。即使如此，媽媽還是要學習正確請求的方法，我相信大家只要多練習幾次，親子關係就能更幸福、更和諧。

故事中的這位媽媽已經盡力了；她在廚房準備飯菜，為了讓兩兄弟不吵架，來回浴室協調過好幾次。然而，結果卻不理想。那麼，到底該怎麼做才好？**我們表達請求時，要學會的第一個溝通技巧是：善用「正向話語」**。

「不可以搶弟弟的東西！」這句話其實是負面語句。媽媽要把：「不可以怎樣怎樣……」換成說：「可以請你……會更好。」

請試試看：「可以請你把弟弟的東西還給他，你去房間拿你想玩的玩具過來好嗎？還是要媽媽幫忙拿給你？」。

如果媽媽說：「你再欺負弟弟一次，以後就不准一起泡澡！」這句話帶有威脅，也屬於負面表達。可以換成這樣說：「如果你想和弟弟一起開心泡澡，你覺得有什麼方法呢？」

以上這些話並不是標準答案，僅供參考。人類的大腦，會隨著聽到的話聯想出畫面，並跟著那個畫面行動。因此，**對孩子提出請求時，運用正向表達的方式，讓孩子能聯想出畫面，就會很有效**。如果對孩子說：「不可以打人！」孩子腦中就會浮現出打人的畫面，但如果對孩子說：「和弟弟吵架時，你可以請媽媽過來幫你。」就會讓孩子知道可以請媽媽幫忙。對孩子提出請求時，一定要記住這個重要的技巧：不要說出「不想要的事物」，而是要說出「想要的事物」。

2. 具體表達

我家小孩個性太害羞，在學校都不太講話，讓我總是很擔心。我參加學校的家長觀課日，在課堂上其他小孩輕輕鬆鬆舉手回應，只有我家小孩安靜坐著。看到這個情景，真讓我受不了，擔心他以後該怎麼辦，但我實在沒有頭緒。

我傷心之餘忍不住對他說：「你為什麼像個傻瓜一樣呆坐在位子上啊？」但

是，我愈是這樣說，孩子就愈畏縮。隔天要出門上學時，我對孩子說：「你上課要積極參與，知道了嗎？」孩子無力地點點頭。他到底有沒有聽懂，我實在很擔心。

父母常常對孩子說：「你要有自信」、「你要有夢想」、「你要有勇氣」、「你要讓自己變強」諸如此類的話。雖然孩子會說知道了，但年紀還小時，孩子並不知道那些話代表什麼意義，也不知道該如何行動，因此常常難以真正做到。**我們對孩子提出請求時，第二個溝通技巧是：「具體表達」**。

當我們說：「你在課堂上要積極！」這句話在孩子腦海中並不會有任何畫面，所以是很模糊的表達。我們可以換成這樣說：「希望你上課的時候，如果有聽不懂的，就舉起手發問。老師問問題時，也可以舉手回答，說你懂的部分就好。你要不要試看看？」如果對孩子說：「你在學校要好好與人相處。」這樣說也很模糊，倒不如說：「你今天去學校，如果看到身體不舒服、或看起來很累的同學，要跟他們說：『我來幫你。』」這樣孩子就更容易能有所行動。

給孩子的請求，必須是具體詳細的說明，才能讓孩子挑戰自己能力可及的事。更重要的是，當孩子累積了各種微小的成功經驗，就能提高自信。如果父母只是模糊的說：「你要積極」、「你要有自信」，反而是打擊孩子的信心。父母可以先在家鼓勵孩子：「如果你有其他意見，可以說出來聽聽。」如果孩子說話總是很小聲，也可以讓孩子練習說話大聲一點。

3. 合理可達成的目標

如果對七歲孩子說：「從現在開始，每週一你要自己把衣服丟進洗衣機，洗好後晾在陽臺，等衣服曬乾後收進來再燙好，你可以幫忙嗎？」大家認為這是一個合理的請求嗎？我想，多數人都會說：「七歲小孩怎麼可能做完這些事呢？」沒錯，雖然這段話是具體明確、也用了正向話語，卻不太可行。因此，並不是一個合理的請求。**我們對孩子提出請求時，第三個技巧是：必須是孩子辦得到的。**

如果對七歲孩子說：「媽媽晾好、折好衣服之後，你可以幫我把內衣放回櫃子嗎？」這樣的請求是孩子可以做得到的事情。內容合理可行，孩子才會樂意幫忙。

對他人提出請求時，很重要的一點是，請求的事情必須在對方的能力範圍之內。每個人在自己做得到的範圍內，都會盡力幫助他人，因為人類天生就樂於助人。因此，孩子會很樂意接受請求，還是感覺被強迫不甘願，就取決於父母溝通的方式。既然如此，為了讓孩子愉快積極地幫忙，我們身為父母就要練習以正確的方式對話。

當然，父母很難總是保持著耐心說話，但如果我們總是提醒自己，有意識地察覺表達的方式，養成習慣之後就能自然地運用。要記住，孩子總想要滿足父母的需求，他們喜歡父母綻放笑容，想要得到父母的關愛。不過，孩子處在自我中心的時期，偶爾也會不接受父母的意見和請求，如果強迫孩子聽從，不但不利於親子關係，也沒法建立良好的溝通。

4. 詢問對方的意見

我想補充一點，父母需要克制，儘量不對孩子下達命令，也不強迫對方做事，而是把命令改為請求。因為用命令方式溝通，隱含著「強迫和壓抑」，會讓對方

（通常是子女）屈服或犧牲。**孩子有參與溝通、自行決定的權利，也有表達自我意見的權利，父母則是有能力協調雙方的意見。**

「今天家裡的菜不太夠，媽媽想在外面吃飯，你覺得好不好呢？」

如果孩子回答：「我不想出門，我想在家吃。」這時，媽媽需要聆聽孩子的意見，了解孩子並不是反對媽媽說的狀況：因為食材不夠很難煮飯。孩子只是單純想待在家比較舒服，不想出門。如果媽媽聽得懂孩子的需求，就可以提議說：「那今天要不要點外送？你想吃什麼呢？」

但如果媽媽生氣地說：「你真煩！不行，你給我把衣服穿好出來，我們只是在家對面餐廳吃，你有什麼不滿意的？」那麼，雖然孩子還是會跟著出門，但必然會不開心。

完全滿足孩子的要求，不一定是好的教育方式；全然按照父母的要求去做，也不一定是正確的教育方式。我們需要運用智慧和溝通能力，來滿足彼此的需求。因此，**請求孩子時，要詢問孩子是否同意，這就是引導孩子合作的第四個技巧！同時，如**

果孩子拒絕請求，父母需要傾聽他的理由。如果孩子看見，父母在傾聽時，努力尋找方法並覺得煩惱的樣子，孩子也會更願意傾聽父母的需求，親子間就更容易相互理解與包容。

我認為，養育孩子是讓人變得寬容的不二法門。因為孩子的成長總是不如我們預期那樣快速，所以我們必須放慢腳步，配合孩子的眼光與步調，一點一滴地陪伴與引導。唯有我們願意放低身段、放低視線，才能真正與孩子平等地面對、相遇。雖然父母不可能每次都有耐心用請求的態度跟孩子溝通，但即使只是偶爾想起來、並試著這麼做，只要持續練習，總有一天，這樣的方式就會自然成為你與孩子互動的一部分。即便大家的生活再忙、時間再緊湊，但為了讓育兒之路不留後悔，希望大家都能多一點努力、多一點溫柔。

同感孩子的對話練習

◇ 對孩子提出請求時，請使用正向話語。

✗「不要搶弟弟的東西。」

✓「要把弟弟的東西還給他。」

◇ 具體且明確地表達。

✗「不要欺負弟弟。」

✓「如果你有想要的東西，就大聲跟媽媽說，我會過來幫你。」

◇ 提出合理可達成的目標。

✗「你是哥哥，要有哥哥的樣子。」

✓「如果你有想玩的玩具，可以去你房間拿過來。」

✧ 詢問孩子的意見並予以尊重

✗「煩死了，我不管，你給我把衣服穿好過來。」

✓「你不想出門的話，那要不要點外送？你想吃什麼呢？」

10 幫助孩子轉換想法，擺脫標籤

孩子說：「老師說我是問題兒童。」

「那個人是天使。」

「那個人很自私。」

「我先生是完美主義者。」

我們總想快速評斷他人，這樣自己心裡才會有個底；越早確認對方是怎樣的人，就能愈快預測，這個人對自己有沒有幫助。然而，我們卻在不知不覺中，也用這些標籤來評價、衡量自己，想著：「我是個糟糕的人」、或「我很完美」、「我很有魅力」。

人類本來就是一種極為複雜的生物，無法以單一面貌來看待。如果我們習慣僅用一句話，就對孩子下定論，這種貼標籤的方式太過簡單也顯得暴力，就像以下這些說法。

「我家孩子很乖。」

「我家孩子只知道自己，很自私。」

「我家孩子很膽小。」

「我家老大很有責任感。」

「我家老二很能幹。」

✦貼標籤帶來的悲劇

從國小一年級開始，許多人常說我坐不住。媽媽對我說：「你的老師一定受不了你。」上了四年級，老師在紙上寫了「我是問題兒童，請懲罰我」。然後貼在我的背後，叫我到每間教室去走一圈。我很討厭老師，沒照做就逃跑了。每個下午，我總在學校外面遊蕩，過一陣子才回家，回到家又會被媽媽罵。後來學校還把媽媽叫來，說他們拒收我當學生，認為我要接受特殊教育，請她辦理轉學。

我相信大部分的老師都很愛孩子，也願意站在孩子的立場給予指導。但是不能否認的，現實是班上只有一位老師，要面對形形色色的孩子，其中不乏有些學生行為怪異，有些學生行事高調，這時老師很難面面俱到。面對一群小孩，老師要能對其中一位特別不聽話的孩子無限包容、耐心等待，確實不容易。即使如此，我仍然無法贊同上述案例老師的做法，畢竟，孩子的心是很脆弱的。如果被父母、老師貼標籤，會嚴重打擊他們的自尊。因此，我認為那位老師的做法令人憤怒。

上述案例中，當事人從小認為自己是問題兒童，為了擺脫這個念頭，在成長過程中耗費了極多力氣。孩子如果被人貼標籤，需要花非常長的時間來恢復自尊，即使父母再怎麼說：「哪有啊，你多麼正常，怎麼會這麼想呢？你不用理他們說什麼啦！」很多孩子還是會相信別人說的話，因為他們正處於重視同儕評價的年紀，朋友的一句話，都能深深影響自己。

從父母的立場來看，當然不希望自己的孩子被拿來跟別人比，或被貼上負面標籤。但是，令人心疼的是，現在仍有許多孩子，認為身邊人給自己貼的標籤就是事實，在成長過程中默默承受著。

✦轉換觀點

如果孩子在讀幼稚園或國小低年級時說：「媽媽，別人說我是問題兒童，他們說我是壞小孩。」我們會有什麼反應呢？通常，媽媽擔心之餘，會直覺地反駁說：「哪有？」「誰？亂說這種話。」「你是問題兒童嗎？你哪有問題啊？」媽媽會說出這類的話來否定。然而，令人心痛的是，當孩子開始思考這些標籤時，父母愈是強烈否認，在孩子聽來，卻愈像是強烈認同。

這時，父母不能焦躁心煩。**對父母來說，重點不是孩子被貼上負面標籤，而是要教導孩子從其他觀點思考，讓他們能跳脫這些框架。**如果孩子跟自己說：「媽媽，我是壞孩子。」那麼，媽媽就該有所警覺：孩子絕不會因為一個小事件，就這樣看待自己。也許他在不知不覺中，好幾次感受到老師或父母失望的眼神；也許孩子聽到他們邊嘆氣邊說：「我真受不了你。」也許是身邊的老師或同學給自己貼了標籤，孩子卻誤以為那是事實的全貌，想法漸漸變得扭曲。一旦孩子認為自己被貼上的標籤，就是真實的自己，他們絕對無法因為父母說一句：「你才不是那種人。」就能馬上對自己改觀，也無法立刻接納父母的意見，更不會說出：「啊！原來是我誤會了。」或是「原來我不是那種人啊！」

「貼標籤」能形成一種宣告，對本人來說，更是具有催眠似的力量。因此，如果別人說自己很乖，孩子就會努力討人喜歡；如果別人說自己很自私，那孩子就會承認自己的自私，並自私的生活下去。

如果不想讓自己被標籤左右，就要反其道而行。我們不應該否認那個標籤，反而要想：「啊，原來他是這樣看待我的，沒機會讓他看到我其他的樣子，真可惜！」這樣處理，才能讓自己的想法變得更健康。

怎樣做才能讓孩子脫離標籤的影響，重新獲得自由呢？父母必須要先忍住，不要急著說：「哪有？你才不是那樣的人。」應該要先問孩子：「那你是這樣想嗎？」也許孩子會說：「嗯，我覺得是真的。」那麼父母還要繼續問他：「你什麼時候開始這樣想的呢？」

孩子之所以認同自己被貼的標籤，通常是因為一個真實事件或親身經驗，才會讓他深信不疑，更可能這已經發生了許多次。有些孩子還不會具體描述，只是說：

「每次都是那樣。」即使如此，父母仍要繼續詢問：「什麼時候會讓你那樣覺得呢？你可以說一個例子，讓我聽看看嗎？」孩子就會說出來，此時，父母只需要安靜聽完，並說：「你會那樣想也是情有可原的。」並給予孩子認同，然後說：「沒錯，如果是我，我也會那樣做。」說完，請父母以對孩子具體的觀察，開展接下來的對話，這十分重要。舉例來說，媽媽可以說：「上次買麵包的時候，有個四歲小孩跌倒，結果你馬上就扶他起來了。因為我有看到你這麼善於助人的樣子，所以不會覺得你很自私。」

如果父母用這種方式，持續與孩子溝通下去，孩子就能擺脫認知標籤，並學習到：「對啊，我有幫助過同學。我才不是壞孩子，只是那時候心情不太好。下次心情不好的時候，我換個方式來表達就好！」

同感孩子的對話練習

如果孩子對你說：「媽，我是問題兒童。」要怎麼幫助他轉換觀點呢？

✧ 如果孩子往自己身上貼標籤，先耐心聽完他說的話。

✗「你亂說什麼？誰跟你講的？」

✓「發生了什麼事？你能告訴我嗎？」

✧ 不要急著否定孩子，反而要詢問孩子為什麼會那樣想。

✗「你不要那樣想，你才不是什麼問題兒童。」

✓「你是從什麼時候開始這樣覺得呢？」

✧ 理解孩子的想法，引導他轉換觀點。

✗「好，你就繼續那樣想，繼續當一個笨蛋啊。」

✓「其他人可能會那樣看你，我可以理解。」

✓「人嘛，常常只看別人一眼，就隨便判斷。」

✓「我的看法不太一樣，你要不要聽看看？」

11

幫助孩子健康地面對拒絕

孩子說：「媽媽，朋友討厭我。」

當別人拒絕你，並不代表鄙視或討厭你，
而是對他來說，還有其他更重要的事。
如果能向孩子好好解釋「拒絕」背後的原因，
就能培養孩子健康的心態。

我帶孩子去大樓社區的遊戲區玩，雖然玩的人不多，但社區就那麼大，總會有其他孩子同時在玩。有一次，我家孩子跟其他孩子說：「哈囉！大家一起玩吧！」同時跑了過去，那幾個孩子卻用身體推開他說：「你幾歲啊？我們要自己玩，你走開啦。」之後，我家孩子一個人孤單站著，用腳踝在地上畫圈圈，看得我好難過。我走過去向孩子說：「哥哥他們現在不想跟你玩，他們有其他想做的事，不如你跟媽媽玩吧？」我不知道自己做得對不對，那時我太傷心，覺得那些小孩很壞、很討人厭。

就連大人被拒絕時，都會心情沮喪好一陣子，因為覺得自己不被需要，而感覺痛苦，更別說是小孩了。自己的孩子被人拒絕時，父母知道了也會痛苦無比。某種程度來說，父母還真是玻璃心呢！話雖如此，身為父母必須提前思考，當孩子被拒絕時如何提供幫助。

✦必須正確解釋事實

孩子被拒絕時，重點在於，我們應該把焦點放在哪裡？也就是：父母應該關注因為朋友的拒絕而感到沮喪的孩子，還是其實更應該留意的是父母內在的需求與反應？分析清楚該優先關注的是什麼，我們才有可能真正幫助到孩子。父母應該暫時放下孩子被人拒絕，自己心裡不舒服的感覺，轉而好好思考，現在有什麼方法，可以讓孩子重新玩得開心。

以上面這個例子來說，這位媽媽對孩子說：「你要不要跟媽媽玩呢？」這個處理方式很好，但她提到：「那個哥哥好像不想跟你玩。」這句話卻不太好，因為「哥哥他們不想跟孩子玩」，這只是媽媽心裡猜的，並不是事實真相。媽媽不如說：「現在他們自己在玩，好像不想被打斷。你要不要等一下再走過去問看看呢？如果他們還是不想跟你玩，到時候媽媽再跟你玩別的。」

有時候，對方之所以拒絕我們，只是因為他有更想做的事情，並不代表討厭我們，或是想要霸凌、刻意疏遠。我們不需要憑空想像。因此，當那群孩子專心玩遊戲時，我們應該引導孩子，尋找可以跟他們一起玩的方法，才能真正幫到孩子。

如果媽媽說：「那些人都說不想跟你玩了，你幹嘛還要過去找他們？」

或是說：「算了！你不要跟那些人玩吧。現在開始，你去找別的人玩。」

這些話對孩子都沒有幫助，孩子還是很難跟這群朋友玩在一起。

不要把孩子被拒絕這件事，當成是「我們自己的事」。當孩子被拒絕時，我們應該這樣引導孩子去理解情況：「那幾個朋友可能只是剛好有他們想一起做的事情吧。」而不是說：「他們好像不想跟你玩。」

父母應該正確判斷情況，好好對孩子解釋：「現在他們有想要做的事，我們要尊重他們。」而事實上，情況常常也真的是這樣。如果父母能夠正確地解讀當下的情境，孩子也就更能學會以健康的方式來回應拒絕，而不是把它當成針對自己的傷害。

✦用健康的心態調節情緒

公司主管在帶領團隊時，最困難的狀況莫過於全體成員陷入沉默。沒有人願意開口說話時，整個氣氛變得凝重，無法透過討論產生新想法，也因此無法看見問題、並進一步加以解決。

有些人之所以沉默、不積極配合，甚至變得退縮、情緒低落，背後往往有兩個主要原因。第一個原因是，他無法辨識自己的情緒：他可能不知道自己現在是否難過、痛苦，還是煩躁？第二個原因是，即使能夠察覺自己情緒，卻無法進一步加以調整，在心裡想著：「我現在雖然覺得很煩，但這種時候，還是稍微忍一下就好。」於是他乾脆不說話、不行動。

孩子也會有一樣的問題。**當孩子被拒絕時，能調節自我情緒，就能夠坦然接受；無法調節自我情緒，就會陷入崩潰。**如果不知道如何調整情緒，孩子就容易覺得：「我完蛋了，沒有人站在我這邊，我被拋棄了，我被霸凌了。」他們的想法變得很極端。相反的，如果孩子能自我調節，就會認為：「沒關係，我也可以跟別人玩啊！雖然有點難過，但有時別人有自己的想法，我還是可以跟其他人玩。」

上述的這兩種思考模式有著天壤之別。想著「沒有人比我更悲慘」的人，和想著「明天會更好，有人比我更慘」的人，過著截然不同的人生。

看到孩子被人拒絕時，父母不應該用像是自己被拒絕的心情來回應。尤其是如果父母小時候也有被朋友拒絕的經驗，那麼此刻看到孩子經歷類似的情境，自然會更加心疼、難受。但我們要牢記一件事：孩子也必須經歷這些生活中的難題，才能慢慢成長。這就是為什麼，父母需要教導孩子如何調節自己的情緒，如何正確理解所發生的事情。

為了達成這個目標，父母必須自己先學會用健康的方式去解釋眼前的情境。例如：「他們說不想跟你玩」和「他們說現在有自己想做的事情」，這兩句話，帶給孩子的意義是完全不同的。同樣地，如果他們說「我們不想跟他玩，因為他會打人。」那我們可以試著理解：孩子們想要一個安全的遊戲空間。如果我們這樣接住對方的話，就不會跟孩子說：「他不想跟你玩，因為你會打人。」而是用更正面的方式引導自己的孩子：「他們想要玩得安全一點，我們可以怎麼做，才會更安全呢？」

看到孩子被拒絕，父母需要先讓自己有一點時間冷靜思考，怎麼做才能真正幫助到孩子。假如這類情況反覆上演，父母也應該思考如何幫助孩子更順利地和同齡人相處。

畢竟，父母不可能永遠當孩子的朋友。如果孩子被朋友拒絕了，不是把孩子丟在開闊的操場上，跟他說：「你自己去跟他們說話啊。」不妨試著邀請一位孩子的朋友到家裡作客，讓孩子至少和一個朋友建立起穩定的關係，這比勉強他進入一群人中來得更有意義。像這樣一點一滴幫助孩子，漸漸地，孩子會有能力面對拒絕，也會學習到結交好朋友的方法。

同感孩子的對話練習

✧ 正確解釋「被拒絕」背後的含意。

如果孩子說：「媽，朋友說他討厭我。」

媽媽要解釋成：

✓「他不是討厭你，拒絕你只是代表他有其他想做的事。」

✓「他現在好像想專心玩玩具。」

✓「你想跟他一起玩的話，可能要等他有空的時候。」

✧ 教孩子用正面的態度表達自己的需求。

✗「那你也不要跟他們玩！」

✗「你自己要主動去跟他們說啊！」

父母應該要這樣說：

✓「我們去跟他們說：『等你們這場結束，我們可以一起玩嗎？』」

✓「他們現在正玩得開心，要不要我們先玩別的，之後再問他們吧！」

12 幫助孩子找到內在動機

不要說：「吃完飯就給你看電視。」

讓孩子真正願意行動的，不是獎勵，也不是強迫，而是對孩子的信任，以及願意給予他的等待。

我從小就食慾很好，才八歲左右，就能一次吃完十顆水煮蛋。但是我哥哥吃飯慢吞吞，所以經常聽媽媽說為了讓哥哥好好吃飯，弄到筋疲力盡。當然，我現在不是要說明讓孩子吃飯的方法，而是想討論，父母常常為了讓孩子行動，而不自覺地依賴獎勵這種方式。

✦交換和分享

人為了健康生活，會交換彼此需要的東西，也必須學會替對方著想，分享彼此認為重要的事物。因此，我們有時會藉由「交換」來教導孩子重要的事物，也會分享成功的喜悅。舉例來說，孩子為了買想要的東西，會幫忙家事，藉此慢慢存下零用錢。或是孩子金榜題名、在某件事上成功，這種時候，父母通常會給孩子獎勵。這種建立在理解與肯定之上的交換，是有其價值的。然而，假如親子間的一切互動都是透過交換模式，家庭關係會變得乏味，甚至變成沒有情感溫度的商業交易。我用以下兩種對話，來凸顯兩者的差別：

媽媽說：「哇！你數學考了90分耶？」

孩子說：「媽，你要遵守約定，快點買遊戲組合給我。」

媽媽說：「好，我已經跟你約好了，我會買給你。」

上述的對話裡沒有分享情感，只在乎交換的內容和結果。那我再舉下面的例子，來比較一下：

「哇，你數學考了90分耶！雖然這是媽媽跟你約定的目標，但想到你為了考試這麼努力，實在很感動，我好高興，你累了吧？辛苦你了，兒子！」

「媽，雖然唸書很累，但幸好達到了跟妳約好的分數，所以我也很開心。按照約定，我可以拿到遊戲組合吧？」

「當然啊！就算你沒有考到90分，我也知道你有多努力，早就想給你獎勵了。我們去買遊戲組合，而且我還想慶祝一下，我們再多買個蛋糕來吃，好不好？」

交換需要建立在雙方的信用上，而分享情感則會讓交換變得更美好、更有價值。如果不去理解彼此的心意，也不打算分享情感，這種交換便少了人情味。大家養育孩子的過程中，哪些時候會跟孩子交換條件呢？例如：餵孩子吃飯，看到孩子的考試成績，要求孩子刷牙，要求孩子整理房間或寫功課。父母提出交換條件時，是不是只聚焦在「結果」上，導致有時還跟孩子吵起來呢？

當孩子在這種交換式關係中獲得某樣東西，往往會缺乏感謝。因為對孩子來說，這是一場明確的交易，只要他完成了條件，就理所當然地該得到回報。比如：只要考試考了某個分數，媽媽就會買遊戲卡匣。既然條件達成了，那麼拿到獎勵也是「應該的」，他自然不覺得需要感謝。但如果我們希望在親子關係中真正充滿愛與感謝，那麼我們就不能只停留在「交換式關係」上。因為這樣的互動，不再是愛，而更像是一場生意往來。

我會擔心，許多父母在太多事情上附加條件，並以報酬來交換行為。舉例來說，有些父母會說：「你乖乖吃完飯，我就給你獎品。」但吃飯本來就是身體健康與成長所必須的基本行為，若連這樣的基本需求都要靠獎勵來驅動，孩子可能會無法分辨哪些事是自己該做的，哪些事是為了得到回報才去做的。久而久之，孩子可能會變成一個不靠獎勵就不願行動的人。

✦讓孩子找回內在動力

要讓孩子因為內在動機行動，還是依賴外在動機才願意動起來，這是一個重要的決定。父母必須堅持自己的立場，有一些事就算沒有給孩子獎勵，還是一定要做的，例如：洗澡、讀書、關心他人、參與家務事。這些都是需要孩子從內心認知到重要性，進而自發去做的事情，而不是因為外在報酬才去行動。即使須要花很長的時間讓孩子明白，父母也要保持耐心說明、引導，不應該急著用獎勵來換取行為。

換句話說，**與生活秩序和基本原則有關的事情，父母不應該用條件來交換。如果孩子能自己清楚重要性而主動去做，父母只需要默默觀察，對孩子表達感謝和鼓勵即可。**每個孩子的成長速度不同，父母等待的時間和陪伴的方法也有所不同。然而，只要孩子從內在動機開始行動，就是很棒的事，因內在動機而動起來的孩子，會充滿熱情和發亮的眼神。

我們現在透過對話，試著觀察看看：面對不吃飯的孩子，父母該怎麼勸說呢？該怎麼幫助他們呢？想當然，食物方面儘量要選擇孩子喜歡的味道，以及孩子喜歡的調理方式。其實，雖然我也是媽媽，但我原本不太煮飯，即使做了飯也不好吃。

但是我大致了解他喜歡哪些食物、哪些醬料，並努力做這類食物。煮飯大概是全天下的媽媽都會煩惱的事情吧！既然都努力煮飯了，媽媽也可以拿出和煮飯同等的努力，試著用孩子能理解的方式溝通。

父母和孩子說話時，建議不要講條件，而是要提出選擇方案，要允許孩子可以自己做決定。即使孩子的選擇跟父母的想法不同，也絕不要強迫他，這才是有智慧的方法。如果父母心裡早有一套標準答案，卻假裝讓孩子有選擇權，只是會讓孩子內心混亂。這種情況如果一而再、再而三發生，孩子只會覺得氣餒，也不會再相信媽媽說的話。

當孩子討厭某種行為的時候，例如：如果孩子討厭吃飯，那父母不該強迫他吃，也不該跟他講條件，而是要讓他喜歡上吃飯。讓食物變得有趣，擺盤漂漂亮亮，這是第一種方法。如果讓他跟很愛吃飯的人一起吃，也是一種方法。父母不要說：「你好好吃飯，就給你看電視。」「好好吃飯就給你冰淇淋，不然不給你。」請大家對孩子說：「等你吃完飯，我們就來吃點心哦。」「你先吃完飯，然後就來舒舒服服地看漫畫吧！」

同感孩子的對話練習

父母和孩子意見衝突時，不要無條件強迫孩子，或是跟孩子談條件交換，請父母改用其他方法來溝通。

✧ 請先詢問孩子，希望父母如何幫助他。

✗「因為這個對你身體好，所以你要吃完。」

✓「你希望下次能吃哪道菜？今天先吃這個吧！」

✧ 向孩子提出建議，而不是交換條件。

✗「吃完飯就給你看電視，沒吃完不能看。」

✓「你先吃完飯，再跟媽媽一起看電視吧！」

13 理解孩子的羨慕，教導他感恩

當孩子說：「我也想當他們家的小孩。」

孩子在和身邊的朋友相處時，也會產生比較與羨慕的心情。但他們表達羨慕的方式，往往不是直接說「我好羨慕」，而是透過觀察來開啟話題。舉例來說，一個短髮的孩子看到長髮的朋友，會說：「媽媽，為什麼他可以留長頭髮？為什麼我的頭髮是短的？」還會說：「媽媽，我的臉為什麼這麼黑？他的臉為什麼這麼白？」。

某天我在超市，聽到有個小孩說：「為什麼我沒有這個？」那時，我察覺到「他想要那個東西。」**孩子們在感到羨慕、或想要某樣東西的時候，往往是透過這樣的觀察與提問，來表達自己內心的渴望與期待。**

每個人為了生存都需要與他人建立關係，因為人無法離群索居。在與他人互動的過程中，我們也確認了自己的存在。孩子會在觀察之中學習模仿，當看到別人擁有某些東西，他們也會去檢視自己擁有的物品。在這樣的過程中，比較是不可避免的，而這時產生的自卑感和優越感，總是相對性的。

小時候，我們也曾羨慕他人嗎？現在我的孩子又羨慕著什麼呢？如果能滿足孩子羨慕的一切事物，我們和孩子都會變得更幸福嗎？我也沒有正確答案。然而，可以確定的是，如果父母能觀察到自己羨慕什麼，就能觀察到孩子的內心。如果孩子羨慕的事物，會讓父母像陷入地獄般痛苦，那就是父母幫不了孩子的事物。因此，我們需要理解羨慕和嫉妒之間的差異，有些羨慕只是一時的，有些羨慕卻會烙印在心底。

✦羨慕別人和見不得別人好

小時候，有個朋友對我很好，我還去過他家玩。朋友的媽媽準備糖餅[3]當作零食招待我，雖然有點涼掉，還是很好吃。但是，朋友卻說糖餅涼掉了，他不要吃。

3 譯註：糖餅（호떡）是一種韓國的街頭小吃，用麵粉或糯米粉揉成麵糰後，包入砂糖並壓扁烤熟。

他媽媽馬上把糖餅拿去蒸，加熱完又拿過來。從那時開始，我就討厭起他，他做的任何事，看起來都很討厭，後來我和他漸行漸遠。現在回想起來，是因為當初我見不得他好。

「我好羡慕他。」這句話有兩種意思，第一種是健康的羡慕，第二種是見不得別人好的嫉妒。即使很羡慕別人，但只要自己努力，也能擁有的話，那還能忍受，這就是「健康的羡慕」。但無論怎麼努力，都沒辦法得到，那情況就不一樣了。我跟那位朋友不同：我的父母離婚了，所以我見不得他過得好。

我們有時會羡慕他人。如果自己已經努力了，還是得不到想要的事物時，難免會受挫或嫉妒他人。這時，如果那位朋友被老師罵，我反而會覺得很幸福，如果他傷心難過，我就會覺得心情很好。羡慕有時會成為鞭策自己努力的動力，但嫉妒卻見不得別人好，很可能帶來悲劇性的結果。因為我經常羡慕他人、因他人受挫而開心、嫉妒他人，所以只要兒子說他很羡慕別人家，我就會格外痛苦。尤其當他羡慕那些夫妻關係很好的家庭，最讓我痛苦，因為我知道這是我給不了他的。

✦如何面對孩子羨慕他人

我在國外旅居一年期間，常跟兒子去樓上鄰居家玩。他們家雖然很樸素，媽媽也常常素顏，但我喜歡她總是笑著歡迎我們的樣子。兒子也很喜歡去他們家，覺得非常自在。某天他們家爸爸招待我們和其他教友到家裡，我們一起吃美食，聽著他邊彈吉他邊唱歌，大家度過了愉快的時光。那天晚上，兒子卻靜靜躺著說了這句話：

「媽，我最羨慕花平他們家了。」

兒子說了好幾次。每次聽到這句話，我都對他感到十分抱歉，整夜心情沉重不已。身為媽媽，總是想把自己所有的都給孩子，但孩子卻羨慕我給不起的，我十分自責。然而，在這種時候媽媽卻不能崩潰，不然就會開始批評自己，心情愈來愈憂鬱。孩子也只會更加難受，然後埋怨媽媽或離開的爸爸。媽媽也可能急於安撫孩子，或想要改變孩子的想法。

我們不得不承認，在這種時候，父母除了靜靜陪伴孩子以外，沒有其他的方法。父母心，是連天上的星星都想摘下來送給孩子。但有許多現實因素，導致父母無法立刻給予孩子想要的，也不得不接受現在的處境。遇到這種情況，媽媽雖然短時間內會非常傷心，但身而為人，誰都有自卑和產生優越感的時刻，此時必須由自己來安慰自己，這樣才能在孩子說出這種話時，平靜的說：「你的心情，媽媽都懂。」並與他站在同一邊。雖然孩子沒辦法理解，人生本就無法擁有所有想要的東西，但孩子會慢慢接受這個殘酷的現實。

✦發現、感謝自己已經擁有的

不久前，我在社群上看到一個祈禱文。

「我今天能睜開眼，看見這個世界，是一件多麼值得感謝的事。我現在能睜開眼睛，用雙腿來行走，喝一杯冰涼的水，是一件多麼值得感謝的事。我能用手臂來洗臉，睜開眼睛，就能看見我的孩子。希望我能一直懷抱感恩的心，感謝這些日常生活中，理所當然的事物。」

什麼才是幸福的生活呢？也許是一種一邊努力成就，一邊學會放下，同時對當下所擁有的一切心存感謝吧。孩子也需要慢慢學會這種心態。但現在的父母多半灌輸孩子：「你要多努力，要多累積，擁有得更多，就是更加成功。」我認為，這樣的信念反而會讓他們不幸福。不管得到多少，如果沒有學會「放下」，就會一直覺得自己擁有的還不夠，這就是人性的貪慾。因此，**我們要在生活的當下、日常的眼前，讓孩子看見父母追尋幸福的模樣，這是非常重要的。**

當我們因為孩子的一句話就心情起伏，時而喜悅、時而悲傷，時而崩潰、時而敏感，孩子也可能會選擇把真正的想法藏在心裡，不敢說出口。我們要做的，是穩住自己的情緒，讓孩子可以自在地說出內心的感受。只要我們保持安穩、溫和地接住他，即使孩子會羨慕別人，也能慢慢地對自己說：「沒關係，我也很好。」就像我們曾經走過的那樣，他們也會在自己的步調中，學會好好生活。

同感孩子的對話練習

當孩子說：「媽媽，○○他們家為什麼那麼大？」該怎麼辦呢？請練習以下的對話。

✧ 認同孩子的心情

✗「我們家這樣也算大了。」

✓「你朋友家看起來很棒啊。」

✧ 讓孩子理解每個人都有不同之處

✗「我們以後也可以搬到那樣的大房子。」

✓「每個人個性不一樣，喜歡的東西也不一樣，所以房子也不一樣喔。」

✧ 在能力範圍內提供孩子想要的

✗「媽媽很抱歉，沒辦法讓你住在更大的房子。」

✓「我們沒辦法馬上搬到那麼大的房子，但現在我們可以做點事，讓自己感覺更幸福，好嗎？」

✓「要不要把房間重新布置一下，讓家裡煥然一新呢？」

14 處理手足吵鬧的技巧

當孩子說：「媽媽都對弟弟偏心。」

孩子班上有個同學叫做潤浩，他有氣喘。潤浩比同學瘦小，個子不高。家長會那天，潤浩媽媽和勝宇媽媽聊天，潤浩跟勝宇兩人是玩伴。

「勝宇媽媽，勝宇的動作比較大，人又活潑，常常讓我家孩子很困擾。體育課下課後，請妳叫他不要揮衣服，泥土會撒出來，希望他多注意，謝謝妳。」

勝宇是個活潑、又喜歡開玩笑的孩子，潤浩媽媽覺得他在體育課後揮動身上的泥土，讓人很不舒服。勝宇媽媽聽完這句話，不高興地說：

「孩子上完體育課，當然會有泥土飛來飛去，不是嗎？勝宇就算是動作大了些，也不會刻意給朋友添麻煩。」

潤浩媽媽又開口了，「勝宇對潤浩故意開玩笑的次數可多了，朋友之間注意一點比較好，請您跟孩子說一聲，有這麼困難嗎？」

「我跟勝宇說過了。如果潤浩會這麼不舒服的話，那上體育課的時候，離其他同學遠一點就好了啊。」說完，勝宇媽媽換位子到我旁邊來。

這時，如果站在勝宇媽媽這一邊，替她反駁：「就是啊，有氣喘就應該自己注意嘛！」潤浩媽媽一定非常氣憤。但如果力挺潤浩媽媽，提出：「雖然這樣說會讓勝宇媽媽很傷心，但潤浩有氣喘啊！老實說，勝宇動作很大，的確會造成別人的困擾，要求他稍微注意一下，難道很過分嗎？」這麼一說，勝宇媽媽也會動氣。如果兩個人發生衝突時，能學會不偏袒任何一方，也不責備另一方，幫助雙方恢復信任，那該有多好？這就是調解糾紛的過程。

以上述例子來說，潤浩媽媽對勝宇媽媽有期待，也就是說，潤浩媽媽的真實需求是「幫助孩子能健康生活／希望周遭的人能協助和理解」。勝宇媽媽對潤浩媽媽也有期待，勝宇媽媽的真實需求是「想保護孩子不受責備／希望孩子的個性和好動獲得尊重」。當雙方無法說出自己內心的想法時，潤浩媽媽滿是憂慮，勝宇媽媽則是心灰意冷。

這兩個人並不需要互相責備、批評，而是要好好察覺對方真正的需求，找到解決之道。我們想教導孩子的，就是這種解決問題的能力。假如孩子跟朋友吵架，或跟兄弟姊妹起衝突，身為父母，應該如何幫助孩子呢？

✦調解的技巧

1. 了解對方真正的需求

我家兩個孩子只差一歲，平常都能一起玩，但有時候會吵架。只要一吵架，兩人態度都很強硬，真令人頭痛。每次都要我出面說話，等我做出結論，這種衝突才會結束。不久前，老二吵著要老大的書，老大不給，老二就硬搶過去。老大跑來找我，說弟弟未經自己允許搶走書，要我去罵弟弟，我說：「他是你弟弟耶，你要讓他啊，你讀其他本就好了嘛！」老大卻馬上回說：「媽，那不對，上次我拿弟弟的樂高玩，你就罵我，為什麼這次就不罵他？」我很無奈，只好過去跟老二說：「你快點還給哥哥。」一說完，弟弟就哭說：「媽媽好討厭，只會站在哥哥那邊，都只買書給哥哥，我每次都是拿哥哥用過的。」聽完，我實在受不了，就大吼一聲，弟弟哭一哭就停了。孩子們吵架時，父母到底該怎麼辦，我真的很常不知所措。

孩子吵架時，通常都認為自己才是受害者，即便媽媽一看就明白了是非對錯，也不該急著下判斷或做出裁決。因為人在情緒不好的時候，很自然地會為自己的行為找理由、採取防衛姿態，因此兩個孩子也都認為自己才是受害者。因此媽媽在處理孩子糾紛的過程中，第一件事並不是追究誰對誰錯，而是去了解雙方各自真正想要什麼。

在上述的狀況裡，老大真正的需求是什麼？

他想得到公平的對待，希望自己能被理解和相信——**與媽媽的關係**

他想得到尊重，希望自己可以拒絕禮讓弟弟——**與弟弟的關係**

老二真正的需求是什麼？

他想確認自己能得到媽媽同等的愛——**與媽媽的關係**

他想要被人理解，也想要和哥哥一起玩——**與哥哥的關係**

當孩子陷入爭吵，要讓他們停止攻擊的方法就是，把雙方的注意力引導到孩子內心真正的需求上。媽媽可以對老大說：「我知道了，哥哥希望媽媽解決問題的時候要公平。也希望自己受到尊重，自己的東西有權利不借給別人，對嗎？」接著，看著老二對他說：「弟弟想跟哥哥一起玩，對嗎？你想確定，媽媽除了愛哥哥，也是一樣愛你的，對嗎？」

而不是說：「你竟然敢說那是你的東西，那明明是媽媽買給你的，為什麼是你的？你給我拿來，要讓弟弟！」或說：「你們不准罵人，不准說別人壞話，去跟對方說對不起。是誰先開始吵？原來是你錯在先。」如果這樣處理孩子間的紛爭，只會讓其中一方受傷。我希望父母能記住，調解爭執時必須中立，目的是找到孩子各自的需求，這才是最重要的。

2. 同理對方的情緒

「哥哥讓你很難過嗎？」⇩**「你想開心地和哥哥一起玩，但哥哥不想，所以很難過嗎？」**

「弟弟讓你很生氣嗎？」⇩**「你想要自己決定可不可以把東西借給別人，但弟弟搶走了你的東西，所以很生氣嗎？」**

當孩子已經明白他們各自的需求後，接下來就要幫助他們理解：**當這些需求無法被滿足時，心裡會產生什麼樣的情緒**。例如，老大是希望能自己做選擇、對自己的東西有決定權，並得到尊重。但這個需求沒有得到滿足，他自然會感到生氣。而老二只是想一起玩，但事情不是這樣，所以他很失望難過。

這時我們要明白：雙方的行動只是在刺激對方而已，並非兩人心裡難過的真正原因。弟弟沒經過同意就拿了書，不一定會讓哥哥每次都生氣。而這次會生氣，是因為「那一天、那一刻，那個需求對哥哥特別重要」，所以他才動怒。這就和孩子一天沒寫作業，父母不一定會生氣的原因是類似的。如果父母那時想好好休息，感覺十分疲憊，那麼，這種小事就會讓父母抓狂。然而，當我們處於身心平穩的狀態，就算孩子沒有寫作業，父母也不會生氣，頂多會擔心孩子，覺得可惜而已。情緒，是根據當下的需求有沒有被滿足而產生的。而對方的行為，只是觸發那個情緒的「刺激」，並不是導致情緒的根本原因。這個道理，套用在孩子身上也一樣。因此，父母調解孩子的糾紛時，不該說：「你是因為哥哥才難過的。」「你是因為弟弟才生氣的。」而是要說：「你沒有得到自己想要的，所以很難過，對不對？」這樣的說法，更能貼近孩子真正的情緒來源，也更有助於他們理解自己與他人。

3. 一起找出能滿足彼此的方法

當孩子吵架時，我們如果先不去計較誰對誰錯，那問題就好解決多了。父母可以用以下的方式，引導孩子轉換觀點。

孩子一開始心裡都會想：「都是他不對，他最壞，所以他要道歉，說自己做錯了，是他要改！」**要幫助孩子轉換思考，改成這樣說：「我們現在吵架了，我跟他要一起找到解決問題的方法。」**

如何做，才能同時滿足老大的需求，又讓老二可以滿意呢？請先詢問孩子的想法。

「這是哥哥的東西，要怎麼做才能讓哥哥自己決定要不要借書給你，但又能跟你一起開心玩呢？」

「哥哥可以唸故事給我聽，或是等哥哥讀完之後，再借給我。」

「弟弟說他想要跟你一起玩，你有什麼方法幫助他呢？」

「我看完書之後，再跟你一起玩別的。或是我可以唸給你聽，但書是我的，我要自己拿著。」

為什麼在發生衝突時，我們沒辦法馬上這樣解決，反而互相指責呢？因為我們內心的需求無法獲得滿足，會先希望得到別人的理解，也希望別人能同理我們的情緒。有時候，即使問題都解決了，自己還是覺得委屈。雖然事件的結果很重要，但在過程中的情緒以及自我需求，都應該要被同情和理解，如此，才能真正理解對方，找到一起解決問題的方法。

4. 等時間和心情有餘裕再調解

處理糾紛會失敗，多半是因為媽媽自己沒有多餘的精力，或沒有足夠時間處理。其實我們都能察覺孩子需求、同理他們的情緒。然而，當我們急著出門或上班時，如果孩子出現爭吵，就不可能好好處理了。那時，父母可以先解決問題，暫時保留孩子之間的疙瘩和委屈。**等到比較有精神時，再和孩子一起討論當時為什麼有這種感受，自己的需求有什麼地方沒有被滿足？如果之後又發生類似的事件，該如何解決比較好？可以跟孩子一起決定規則。**當我們想和孩子一起決解決問題時，最重要的是，確保自己的身心狀態良好，時間和心情都有餘裕，才可能用中立角度來處理孩子間的衝突。

同感孩子的對話練習

孩子出現爭執時，如果要調解處理，請記住以下的對話來跟孩子溝通。

◇讓孩子知道父母會保持中立的立場。

✗「是誰先動手的？」

✓「我們現在一起來解決問題，媽媽會陪你們討論。」

◇讓雙方輪流說話，並表現出公平的態度。

✗「這就是你不對了。」

✓「每個人都講五分鐘，別人說話的時候，另一個人不可以插嘴。」

✧ 讓孩子知道你願意聆聽他內心的真實需求。（請參考〈附錄一〉的需求清單）

✗「都是因為你！」

✓「你是因為想要的沒有得到，才會這麼難過吧。你那時真正想要的，是（例如：尊重、理解、保護）對嗎？」

✧ 幫助孩子理解對方的感受與彼此的需求，並且向對方提出請求。

✗「以後都不准吵架！」

✓「如果要讓兩個人都滿意，你們雙方可以努力做什麼？」

附錄一

需求分類清單

當我們覺得某件事情很重要，就反映了內心的某種需求。請利用以下列表，找出對自己重要的事。

基本需求	關聯性	舉例
生存的需求	身體、情緒、安全	空氣、飲食、居住、休息、睡眠、身體接觸（肌膚接觸）、性慾與親密的表達、身體安全、情緒安定、經濟安定、舒適、依附形成、自由動作、運動、健康、樂活、受到照顧、受到保護

基本需求	關聯性	舉例
歸屬的需求	歸屬感、合作、愛	親密關係、紐帶關係、溝通、關懷、尊重、相互性、同理、理解、接納、支持、合作、協助、感謝、愛情、關心、友情、親近、分享、體恤、歸屬感、團體、相互依存、寬心、安心、慰勞、安慰、信任、確信、可預測性、一貫性、參與、誠實、職責、責任、平靜、從容、美麗、指導、成就、共享、保有彈性、照顧對方、保護對方
權力的需求	成就、認可、自尊	平等、秩序、協調、自信感、自我表達、自我信任、受到重視、能力、存在感、公正、公平、真誠、透明、正直、真實、認可、一致、個性、熟練、專業性、自我尊重、正義、均衡、目的與目標、效率、有意義

基本需求	關聯性	舉例
自由的需求	獨立、自律性、選擇	生產、成長、創造性、療癒、選擇、自由活動、自主（擁有自己的見解或思想）、自律性、獨立、獨處時間
玩樂的需求	遊戲、學習	趣味、玩耍、自覺、挑戰、領悟、清楚、學習、刺激、發現
生活意義的需求	靈性、人生禮讚	意義、人生禮讚（慶祝、哀悼）、愛、願景、夢想、希望、心靈交感、靈性、靈感、尊嚴、貢獻

附錄二

感受分類清單

如果希望對方能夠理解自己，首先最重要的是，察覺與仔細辨識自己的感受。

請試試從以下的列表尋找自己的感受。

所願成真（需求被滿足時）	期待落空（需求不被滿足時）
感動、激動、滿足 舒暢 感謝、感恩 安心、平靜	彆扭 擔憂 痛苦 麻煩

所願成真（需求被滿足時）

懷念
快樂
精力充沛
悠閒從容
親切溫柔
踏實
心胸開闊、寬容
充滿吸引力
感動
高興
滿足
爽快、清新
充滿生氣、有活力
興奮、愉快
放寬心

期待落空（需求不被滿足時）

無精打采
焦慮
冷淡
驚訝
鬱悶
惶恐
害怕、恐懼
心煩意亂
行屍走肉
垂頭喪氣
憤慨
不安
悲慘
遺憾、哀傷
生氣、憤怒

所願成真（需求被滿足時）

有勇氣
愉快、痛快
自豪
刺激、顫慄
舒適、放鬆
幸福
充滿好奇心
放鬆
迷人、渾然忘我
欣慰
令人興奮、悸動
充滿希望、滿懷期待

期待落空（需求不被滿足時）

羞愧
悲傷
失望、氣餒
遺憾
焦躁、坐立難安
慘淡、前途灰暗
被壓制
委屈
不舒服
不知所措
孤單
畏縮
焦慮
充滿挫折
厭煩

所願成真（需求被滿足時）

期待落空（需求不被滿足時）

無聊
疲倦
煩躁
空虛、失落
混亂
震怒
後悔

讓媽媽傳達真心的 25 個對話練習：
從接納自己開始，用溫和真誠的溝通重建親子連結！
엄마의 말하기 연습

作　　者　朴宰蓮
譯　　者　陳靜宜
封面設計　謝佳穎
內頁構成　高巧怡
編輯協力　趙啟麟
行銷企劃　蕭浩仰、羅聿軒
行銷統籌　駱漢琦
業務發行　邱紹溢
營運顧問　郭其彬
責任編輯　張貝雯
總 編 輯　李亞南
出　　版　漫遊者文化事業股份有限公司
地　　址　台北市103大同區重慶北路二段88號2樓之6
電　　話　(02) 2715-2022
傳　　真　(02) 2715-2021
服務信箱　service@azothbooks.com
網路書店　www.azothbooks.com
臉　　書　www.facebook.com/azothbooks.read

發　　行　大雁出版基地
地　　址　新北市231新店區北新路三段207-3號5樓
電　　話　(02) 8913-1005
訂單傳真　(02) 8913-1056
初版一刷　2025年9月
定　　價　台幣380元
ISBN　978-626-409-137-4

國家圖書館出版品預行編目 (CIP) 資料

讓媽媽傳達真心的25 個對話練習 : 從接納自己開始, 用溫和真誠的溝通重建親子連結!/ 朴宰蓮著 ; 陳靜宜譯. -- 初版. -- 臺北市 : 漫遊者文化事業股份有限公司, 2025.09
面； 公分
譯自 : 엄마의 말하기 연습
ISBN 978-626-409-137-4(平裝)
1.CST: 親職教育 2.CST: 親子溝通 3.CST: 親子關係
528.2　　114010502